Feng Shui

PARA O JARDIM

Richard Webster

Feng Shui

PARA O JARDIM

Tradução
DENISE DE C. ROCHA DELELA

EDITORA PENSAMENTO
São Paulo

Título do original:
Feng Shui in the Garden

Publicado originalmente por Llewellyn Publications,
St. Paul, MN 55164-0383 USA.

Ilustrações internas de Jeannie Ferguson.

Edição	Ano
1-2-3-4-5-6-7-8-9	99-00-01-02-03-04

Direitos de tradução para a língua portuguesa
adquiridos com exclusividade pela
EDITORA PENSAMENTO LTDA.
Rua Dr. Mário Vicente, 374 – 04270-000 – São Paulo, SP
Fone: 272-1399 – Fax: 272-4770
E-mail: pensamento@snet.com.br
http://www.pensamento-cultrix.com.br
que se reserva a propriedade literária desta tradução.

Impresso em nossas oficinas gráficas.

Dedicatória

Para o meu bom amigo Danny Thorn,
que por acaso também é consultor de feng shui
na Nova Zelândia.

Agradecimentos

Gostaria de expressar os meus mais sinceros
agradecimentos a T'ai Lau, por sua ajuda
e seus conselhos.

Sumário

Apresentação

Deixe Que o Seu Jardim Traga Para Você o Que Há de Melhor na Vida

Podemos atrair uma quantidade ilimitada de ch'i para a nossa casa se prestarmos atenção ao feng shui do nosso jardim.

– Richard Webster

Não importa se você tem uma grande propriedade repleta de jardins bem-planejados ou se só dispõe de uma quitinete alugada, com espaço para alguns vasos de plantas. Você sempre pode criar na sua casa uma atmosfera propícia para atrair e gerar ch'i (a energia vital do universo), que, por sua vez, atrairá felicidade, prosperidade e saúde. O último lançamento da série de Richard Webster sobre feng shui, *Feng Shui para o Jardim*, mostra, a iniciantes e também a especialistas em jardinagem, como fazer um jardim que atraia essa energia benéfica.

Use os princípios do feng shui para determinar as áreas do seu jardim que correspondem ao amor e ao casamento, à família, à prosperidade e à carreira profissional. Aprenda a identificar o melhor lugar para fazer o seu jardim, e a usar as cores, as fragrâncias, as ervas e as flores para atrair sorte e abundância para qualquer um desses aspectos da vida.

Descubra quais são as cinco flores que trazem mais bênçãos e benefícios para a sua casa. Saiba quais são os lugares mais apropriados para instalar um chafariz, uma cascata ou uma piscina. Aprenda a fazer um jardim secreto, mesmo que você more num apartamento!

Independentemente do tipo de jardim que você tem na sua casa – um jardim de ervas, zen, formal, campestre, interno ou misto –, com *Feng Shui para o Jardim*, a sua vida vai florescer e dar muitos frutos.

Introdução

O beijo do sol, perdão

O canto dos pássaros, alegria

Num jardim, você está mais perto do
coração de Deus

Do que jamais esteve um dia.

— *Tradição popular*

Para muitas pessoas, cuidar do jardim é uma experiência quase espiritual. Também pode ser uma ótima forma de relaxar e livrar-se do *stress*. O prazer de cuidar das plantas é um tipo de motivação, e pode até servir como uma espécie de terapia. As pessoas que cultivam um jardim podem plantar seus próprios alimentos, ou enfeitar a casa com flores. Existem inúmeras razões para se ter um jardim, mas os mais assíduos praticantes de jardinagem nunca param para pensar no que mais apreciam com relação a esse interesse criativo.

Um importante aspecto a ser ressaltado é o fato de que o jardim é um espaço só nosso; podemos fazer com ele o que quisermos. Dentro da nossa propriedade, exercemos controle total e podemos criar praticamente qualquer coisa que nos agrade. Naturalmente, somos limitados pelo espaço que temos, pela nossa situação financeira e pelas necessidades da nossa família. Nosso jardim precisa ser um espaço onde possamos praticar várias atividades; é um espaço para sentar e relaxar, talvez receber os amigos, plantar vegetais, e, se tivermos filhos, para poderem brincar. Também é preciso que haja lugar para itens mais práticos como varais, latas de lixo e depósito de ferramentas.

Desde tempos imemoriais, as pessoas gostam de ficar próximas à Mãe Natureza — à terra viva. No século XV, Marsilio Ficino escreveu: "O mundo vive e respira, e nós podemos sorver seu espírito para dentro de nós."[1]

Os jardins nos proporcionam alimento em todos os sentidos — não apenas comida, mas cores, texturas, formas e aromas que podemos provar e usufruir. Podemos combinar tudo isso de muitas formas diferentes para conseguir o efeito que mais nos agrada. Por exemplo, eu plantei flores-da-noite em todas as casas em que morei até hoje, porque, para mim, o perfume delicado dessa flor é agradável, relaxante e faz emergir lembranças felizes da minha infância. Se eu não quisesse evocar essas lembranças, seria bem improvável que eu tivesse essa planta no meu jardim.

Tenho um amigo que adora ouvir o sopro do vento nas folhas das árvores mais altas. Não é de surpreender que isso seja uma constante nos jardins desse rapaz. Uma senhora que eu conheço gosta de plantar frutinhas silvestres para poder ouvir constantemente o canto dos pássaros no seu jardim. Ela é pintora e acha que o canto de passarinhos estimula sua criatividade.

A jardinagem é uma excelente válvula de escape que revela muito sobre nós. Por exemplo, um jardim com trilhas bem marcadas, cercas vivas imaculadamente podadas e canteiros simétricos, sem uma erva daninha sequer, pertence obviamente a um tipo de pessoa diferente daquela que tem um jardim mais despojado, onde as plantas podem crescer e se espalhar à vontade. No entanto, essas duas pessoas podem ser igualmente dedicadas ao jardim, e passar ali um período de tempo praticamente igual.

Os jardins representam coisas diferentes para cada pessoa; afinal, cada um de nós enxerga o mundo de um jeito. William Blake sabia disso quando escreveu:

> *A árvore que encanta alguns, a ponto de levá-los às lágrimas, é, aos olhos de outros, só uma coisa verde que bloqueia o caminho; assim como o homem é, assim ele vê.*[2]

Para muitas pessoas, o jardim resume-se a uma jardineira na janela. Porém, essas pessoas muitas vezes devotam a esse pequeno metro quadrado de terra a mesma atenção e cuidado que aquelas que possuem um grande jardim, e recebem dele os mesmos benefícios terapêuticos.

Há milhares de anos, os chineses preocupam-se em viver em harmonia com a terra. Das observações que fizeram, originou-se o feng shui, que significa literalmente "vento e água". Eles acreditavam que, se vivessem em harmonia com a terra, um ser vivo, levariam uma vida cheia de contentamento, felicidade e abundância. Um belo provérbio chinês ilustra essa idéia:

> *Se tivermos um galhinho verde no coração,*
> *Os pássaros canoros nele pousarão.*

Naturalmente, essa filosofia mostra que esse povo prestava mais atenção à paisagem à sua volta do que os demais. A relação entre o ser humano e a natureza sempre teve uma importância crucial, e a natureza é simbolizada pelo jardim. Uma das bênçãos da prática de se cuidar de um jardim – principalmente daquele em que os princípios do feng shui foram observados – é a presença constante do canto dos pássaros.

Embora os jardins tradicionais chineses às vezes pareçam um pouco austeros aos olhos dos ocidentais, eles são projetados de forma a proporcionar paz, tranqüilidade e bem-estar. Seu propósito é permitir que o visitante entre num mundo diferente, cheio de beleza e harmonia. A abordagem dos chineses difere da nossa, embora os ocidentais tenham objetivos bem parecidos quando projetam um jardim.

A ausência de grama é uma das principais diferenças entre os jardins ocidentais e os orientais. No Oriente, usa-se muita areia, pedra, rocha e até mesmo terra compactada. Seixos coloridos são muitas vezes espalhados pelo jardim para criar bonitos mosaicos que pavimentam algumas áreas. O fato de que os orientais não costumam pôr muitas plantas no jardim também pode ser uma surpresa para nós.

Os jardins orientais caracterizam-se pelos muros, que dão origem a espaços reservados e dividem o jardim em compartimentos. Em geral, uma tela ou janela de treliça nos permite divisar o jardim, proporcionando uma amostra dos prazeres que ele nos reserva. Os chineses não gostam que as pessoas vejam todo o jardim num só relance – os muros criam um clima de surpresa e de mistério.

No Oriente, os contrastes são de extrema importância. Isso está relacionado ao conceito de yin e yang, do qual falaremos posteriormente. Uma grande pedra pontiaguda pode ser colocada ao lado de um plácido e refrescante lago, criando ao mesmo tempo contraste e harmonia.

As pedras sempre foram fundamentais nos jardins do Oriente. Elas simbolizam as montanhas, que são a morada dos Imortais. Às vezes só é colocada uma pedra no jardim; outras vezes, agrupam-se várias. Elas proporcionam um ponto de interesse perfeito no jardim, e são muito usadas para meditação. No entanto, pode ser um erro afirmar que os jardins chineses são apenas um lugar de descanso e contemplação. Ali também se praticam muitas atividades sociais; afinal, é uma questão de orgulho para os chineses ter um lindo jardim onde possam receber as visitas.

Na antiga China, poetas e calígrafos trabalhavam num pavilhão ao ar livre ou num cômodo com vista para o jardim. Assim eles ficavam em comunhão com a natureza e tinham mais inspiração.[3]

O feng shui é usado tanto dentro de casa quanto no jardim, embora seus princípios se apliquem com mais rigor dentro de casa. Os jardins são projetados para fluir livremente dentro dos limites impostos pelos muros, construídos de acordo com os princípios básicos do feng shui. A liberdade que se tem nos jardins enfatiza a diferença entre estar ao ar livre e entre quatro paredes.

Espero que com a ajuda deste livro, você possa criar e manter um jardim feng shui harmonioso, que o ajude a ter uma vida cheia de paz, felicidade e prosperidade.

Capítulo 1

O Que é Feng Shui?

Feng shui é a arte de viver em harmonia com a terra. Sua origem remonta a pelo menos cinco mil anos. Nessa época, Fu Hsi, que posteriormente tornou-se imperador da China, foi liderar um trabalho de irrigação no rio Amarelo. Um dia, uma tartaruga gigante arrastou-se para fora do rio. Isso foi considerado um bom presságio, pois, naqueles tempos, as pessoas acreditavam que os deuses habitavam o casco das tartarugas e dos cágados. No entanto, quando os homens de Fu olharam mais de perto as marcas que havia no casco do animal, descobriram que elas formavam o desenho perfeito de um quadrado mágico dividido em nove partes. Isso foi considerado um fato tão auspicioso que Fu convocou todos os sábios da região para examinar a tartaruga. Desse quadrado mágico originou-se o feng shui, bem como uma variedade de sistemas adivinhatórios, entre os quais o I Ching, a astrologia chinesa e a numerologia chinesa.

Nos primeiros dois mil e quinhentos anos da sua existência, o feng shui preocupou-se, em primeiro lugar, com a geografia do terreno. Os chineses notaram que, se construíssem a casa no lugar certo, as coisas boas fluiriam naturalmente na vida deles. Mas se, do contrário, a casa estivesse mal localizada, a vida seria uma batalha constante contra os elementos.

Eles também descobriram que a localização perfeita era aquela em que a casa ficava de frente para o sul e tinha às suas costas montanhas que a protegessem dos ventos frios do norte.* O ideal também seria que um suave fluxo de águas murmurantes passasse em frente à casa. Uma casa nessa posição, eles diziam, continha *ch'i* benéfico em abundância (Figura 1A).

Figura 1A: A posição perfeita para uma casa

* Convém lembrar que, neste trecho, como em todo o livro, as referências aos pontos cardeais e às suas qualidades têm em vista o Hemisfério Norte, razão pela qual o sul aí é apontado como a direção "de onde vem o calor", enquanto que o norte é a direção "de onde vêm os ventos fortes e gélidos".

Para os leitores do Hemisfério Sul, as qualidades apontadas para o sul e norte naturalmente se invertem. (N.E.)

O Ch'i

O ch'i é um dos fatores mais importantes do feng shui. Ele é a força vital universal, encontrada em todas as coisas vivas. Tudo que é feito com perfeição cria energia ch'i. Portanto, um jardim bem cuidado ou uma paisagem bonita criam uma grande quantidade de ch'i. Um regato de águas mansas ou uma cachoeira também criam ch'i. Assim como um artista pintando um quadro.

Em todos os lugares em que há ch'i em abundância, a vegetação é rica e luxuriante, o ar é fresco e adocicado e a água é pura e refrescante. Não é de surpreender que os habitantes de lugares como esses levem uma vida cheia de felicidade, contentamento e prosperidade. Isso também explica por que as pessoas sentem-se bem num lindo jardim. Ali elas estão cercadas por uma quantidade ilimitada de ch'i benéfico.

No feng shui, o objetivo é atrair o máximo de ch'i possível para a entrada principal da casa, que pode ser considerada a "boca" da residência. Embora o ch'i também entre pelas janelas e por outras passagens, a maior parte entra mesmo pela porta da frente.

Nós podemos atrair uma quantidade ilimitada de ch'i para a nossa casa, se prestarmos mais atenção no feng shui do nosso jardim. Pode parecer difícil acreditar que algo que você faz por diversão e prazer possa estar também criando ch'i, melhorando sua qualidade de vida em todos os sentidos e fazendo de você uma pessoa muito mais feliz e satisfeita do que jamais foi.

Yin e Yang

Yin e *Yang* são dois opostos complementares; um não pode existir sem o outro. Os antigos taoístas nunca tentaram definir o yin e o yang, mas se compraziam em fazer listas de opostos que ilustrassem esse conceito. Por exemplo: frente e verso, alto e baixo, preto e branco, macho e fêmea, noite e dia. Nenhum desses pares pode existir sem o seu oposto. Sem a frente, por exemplo, não existe o verso.

O yin e o yang costumam ser representados como duas figuras em forma de girino, dentro de um círculo (Figura 1B). Esse é o símbolo taoísta do universo, que reflete a crença de que tudo é composto de energia yin e yang. Dentro desse símbolo, um girino é preto (yin) e tem um pontinho branco (yang), e o outro é branco (yang), com um pontinho preto (yin). Os pontos de cor oposta demonstram que, dentro do yang, sempre existe uma pequena quantidade de yin e, dentro do yin, sempre existe uma pequena dose de yang.

Yin e yang não coexistem pacificamente. Um está sempre tentando ter supremacia sobre o outro. Por isso, em qualquer situação, se a energia yin está aumentando, o yang deve estar diminuindo. Sempre há, no entanto, um ponto em que yin atingiu seu limite máximo, ao mesmo tempo que yang começa a recuperar as forças.

As estações mostram esse fluxo e refluxo. A primavera é um tempo de renascimento, de energia nova. Yang começa a surgir e se prolonga até o verão, até que tenha feito todo o possível. Yin começa a ganhar força quando chega o outono e atinge o zênite no inverno. Naturalmente, no final do inverno, yin começa a declinar e yang passa a recuperar o vigor novamente.

Figura 1B: Yin e Yang

No nosso jardim, queremos que sempre haja equilíbrio entre yin e yang. Por exemplo, o terreno plano é considerado excessivamente yin. Enquanto o terreno montanhoso é visto como excessivamente yang. Os antigos chineses criaram os pagodes para acrescentar energia yang aos ambientes planos (yin). Nós podemos gerar a energia yang plantando árvores e arbustos ou construindo muros e cercas. Você com certeza já viu um jardim zen japonês, em que as pedras criam energia yang em terrenos planos (yin).

Se, pelo contrário, a sua propriedade fica num pronunciado declive, convém que você tente criar uma área yin. Tenho alguns amigos que moram numa encosta de onde têm uma visão panorâmica da cidade. É uma localização privilegiada, pois a vista é simplesmente deslumbrante. No entanto, a propriedade ficou ainda melhor quando eles construíram uma área plana, onde colocaram bancos de jardim. Agora eles podem se sentar do lado de fora da casa e passar tardes agradáveis admirando a vista.

Os Shars

Os antigos chineses acreditavam que os fantasmas só podiam se mover em linha reta. É por isso que, no Oriente, costumamos nos deparar com pontes em ziguezague sobre lagos ornamentais. Isso evitaria que algum fantasma cruzasse a ponte.

Na prática, os *shars* são qualquer linha ou ângulo reto que aponte diretamente para a nossa casa. Um bom exemplo disso ocorre quando a casa está situada num entroncamento em forma de T. Nesse caso, uma rua poderia convergir diretamente para a nossa casa. Embora esse seja um shar negativo, a situação seria bem pior caso a rua convergisse diretamente para a porta da frente da casa.

Um outro exemplo muito comum ocorre quando a casa vizinha está em ângulo com a nossa. A quina formada por duas paredes dessa casa poderiam criar um shar, ou uma seta envenenada, que apontaria diretamente para a nossa propriedade. O telhado das casas vizinhas são também uma causa comum de shars.

Também é possível que tenhamos shars dentro da nossa casa. Se houver um caminho em linha reta que vá da calçada à porta, isso cria uma seta envenenada, ou shar.

As Soluções do Feng Shui

As soluções do feng shui são usadas sempre que a harmonia e o equilíbrio precisam ser restabelecidos. Elas podem ser usadas para fazer com que um shar desapareça, para equilibrar as energias yin e yang e para neutralizar os efeitos negativos de um terreno de formato irregular.

Felizmente, o feng shui tem solução para praticamente tudo. Os shars existem só enquanto nós os vemos. Portanto, um muro, uma cerca ou uma fileira de árvores que tire de vista a rua que converge diretamente para a porta da frente eliminaria definitivamente o shar.

Não é tão fácil solucionar o caminho reto que vai da calçada à porta. Se possível, procure refazer seu traçado, imprimindo-lhe uma leve curva. Se isso não for possível, existe felizmente uma outra alternativa. Você pode pendurar um espelho ba-guá acima da porta da frente.

O Espelho Ba-guá

O espelho ba-guá é um pequeno espelho redondo que fica no centro de um pedaço de madeira de forma octogonal. Os oito trigramas do I Ching são dispostos ao redor do espelho (Figura 1C). Nesse caso, a linha reta que converge para a porta da frente é "captada" pelo espelho e refletida de volta para o lugar de onde veio. Os espelhos são geralmente considerados yin, ou passivos. Mas o espelho ba-guá é yang, ativo, graças aos oito trigramas que o circundam.

Os espelhos ba-guá são os principais instrumentos do feng shui. No entanto, é melhor considerá-lo apenas como um último recurso, reservando-o para situações que não podem ser solucionadas de outra forma.

Existem muitas histórias relacionadas com o espelho ba-guá. A mais famosa é, provavelmente, a que diz respeito a Bruce Lee. Quando ficou rico e famoso, ele se mudou para Kowloon Tong, um bairro chique de Hong Kong. Um especialista em feng shui aconselhou-o a pendurar um espelho ba-guá numa árvore, para melhorar a propriedade, do ponto de vista do feng shui. A árvore foi arrancada durante um tufão e o espelho quebrou-se. Bruce Lee não se deu ao trabalho de substituí-lo, o que, de acordo com a população de Hong Kong, fez com que a morte dele fosse inevitável.[1]

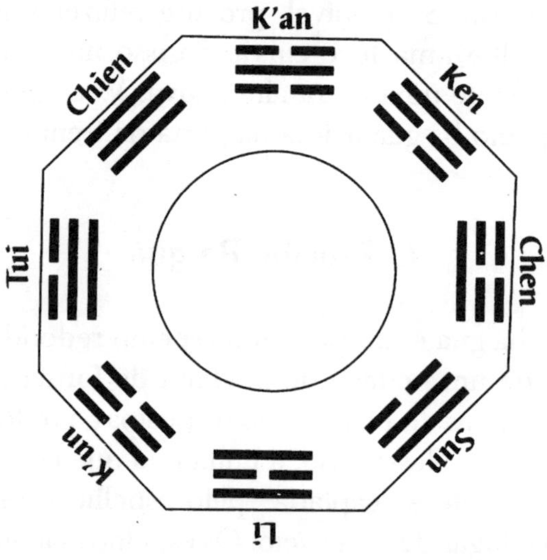

Figura 1C: Os oito trigramas do espelho ba-guá

As guerras de espelho eram bem comuns em Hong Kong. Alguém olhava pela janela e via um shar vindo do outro lado da rua. Então pendurava um espelho ba-guá para solucionar o problema. O vizinho da calçada em frente via o espelho e também pendurava um igual, para mandar o shar de volta novamente. Aquele que havia pendurado o primeiro espelho então pendurava outro e, no final da história, cada vizinho tinha uns dez espelhos pendurados. Finalmente a polícia era chamada e mandava que todos os espelhos fossem retirados.

Plantas e Árvores

As plantas e árvores são as soluções mais eficazes para um jardim. Elas podem ser usadas no caso da existência de shars provindos da rua, de construções ou de qualquer outra coisa que aponte diretamente para a nossa propriedade.

Um amigo meu mora numa belíssima casa nos arredores de uma grande cidade. Tudo estava perfeito até que uma nova estrada foi construída perto dela. A rodovia passava num dos lados da propriedade, formando um ângulo que parecia uma grande faca pronta para atacar a casa. Em pouco tempo, dois animais de estimação morreram e a mulher do meu amigo ficou gravemente doente.

Ele então plantou uma fileira de bambus que cobriu totalmente a visão da estrada. O efeito foi quase imediato: sua mulher melhorou e a vida deles voltou a ser tranqüila e agradável. O bambu também ajudou a diminuir o barulho do tráfego da estrada, o que também foi extremamente benéfico.

É interessante notar que, no sul da China, costumava-se plantar bambus nos fundos das propriedades, para que ficassem protegidas. Meu amigo não tinha conhecimento desse costume; ele optara pelo bambu simplesmente porque trata-se de uma planta que cresce rápido e, por isso, poderia solucionar o problema dele em pouco tempo.

As árvores e as plantas em geral são extremamente benéficas, pois elas criam ch'i em abundância. As árvores perenes são consideradas melhores do que as sazonais. Isso porque as folhas verdes simbolizam prosperidade e abundância. Além disso, galhos nus também dão origem a shars.

Tradicionalmente, os praticantes do feng shui aconselham as pessoas a plantar árvores atrás da casa e não na parte da frente. Isso porque, na China, as casas em geral ficavam voltadas para o sul e as árvores plantadas nos fundos protegiam-nas dos ventos frios que vinham do norte. Obviamente, as árvores também costumam ser usadas como uma barreira contra o vento. As árvores também podem ser um ótimo recurso para encobrir a vista de tudo o que é considerado negativo ou indesejável. Por exemplo, de acordo com o feng shui, deve-se evitar a vista de cemitérios, de delegacias ou igrejas, pois eles às vezes criam ch'i negativo. As árvores podem encobrir a visão desses lugares.

No feng shui, todas as árvores são consideradas benéficas, a não ser que estejam muito próximas da casa. Isso porque as árvores têm grande quantidade de energia yin. O ideal seria que elas aumentassem a energia yang do sol. Mas, se as árvores estiverem plantadas num local muito próximo da casa, elas podem impedir que a energia yang entre na casa, e gerar um desequilíbrio. Árvores *grandes* também podem causar o mesmo efeito.

Tanto as árvores quanto as outras plantas precisam ser saudáveis. Convém removê-las quando estiverem podres ou mortas, pois isso cria energia negativa, ou shar ch'i. O feng shui recomenda que elas logo sejam substituídas, para que o shar ch'i não cause grande prejuízo aos moradores da casa.

Convém ressaltar que, num nível global, para cada árvore plantada, dez são derrubadas.[2] Nós estamos perdendo 40 milhões de acres de florestas por ano, o que representa mais do que um acre por segundo![3] Todos nós temos o dever de plantar a maior quantidade possível de árvores. Assim, não estamos apenas embelezando o planeta, mas garantindo o oxigênio que as árvores produzem através da fotossíntese. Além disso, plantando mais árvores, criamos uma quantidade ilimitada de ch'i benéfico.

Uma vez ou outra eu visito casas totalmente desprovidas de vegetação. Todas as plantas criam energia ch'i. Quando eliminamos as plantas da nossa vida, nós nos prejudicamos. Acabamos sentindo insatisfação e descontentamento com relação à vida. A longo prazo, isso pode acabar afetando a nossa saúde.

Todos nós precisamos de flores e de outras plantas para ter felicidade e contentamento na vida, assim como uma saúde perfeita. Isso também explica por que costumamos levar flores de presente, quando visitamos um amigo ou parente no hospital.

O relacionamento entre a espécie humana e as plantas é muito complexo e sutil. Nós precisamos delas tanto quanto elas precisam de nós, por isso é bom ter plantas tanto fora quanto dentro de casa. As plantas que ficam dentro de casa podem encher o ambiente de beleza e de ch'i. Quando aumenta a quantidade de ch'i na nossa casa, aumenta também a nossa energia e nós nos sentimos mais vibrantes e vivos. Conseqüentemente, uma planta sadia e bonita, colocada perto do lugar onde estudamos ou trabalhamos, pode nos fazer sentir mais prazer ao executar nossas tarefas e melhorar a qualidade do nosso trabalho. As plantas que ficam dentro de casa também podem ser usadas para eliminar shars internos, como ângulos agudos, por exemplo.

A Água

A água é uma solução eficaz que, na maioria dos casos, gera um bom feng shui. A água simboliza riqueza e prosperidade. No entanto, ela precisa estar limpa e, de preferência, em movimento; água estagnada e com mau cheiro cria ch'i negativo.

Sempre que houver água corrente na propriedade, o melhor é que ela fique na frente da casa. Água fluindo nos fundos indica oportunidades financeiras que não podem ser aproveitadas.

Laguinhos com peixes, chafarizes e piscinas, tudo isso cria ch'i positivo. Convém que as piscinas em forma de feijão dêem a impressão de que estão envolvendo a casa (Figura 1D). Esse tipo de piscina funciona como um verdadeiro

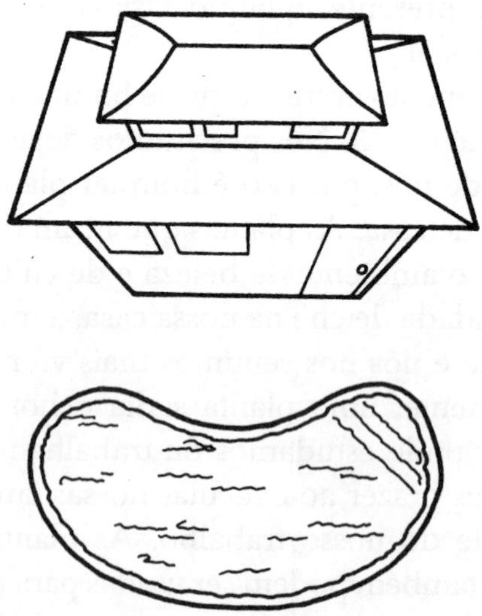

Figura 1D: Piscina com formato de feijão

ímã para atrair dinheiro. Caso ela esteja na posição contrária, exerce o efeito inverso.

A água é uma solução eficaz quando nos mudamos para uma casa nova em que as plantas ainda não cresceram. Isso é comum nas cidades, onde às vezes tudo o que vemos são tijolos e cimento. Um chafariz ou um laguinho nesse tipo de ambiente cria um pequeno oásis de paz e tranqüilidade.

A água e as plantas funcionam muito bem juntas, criando uma quantidade enorme de ch'i. Hong Kong é repleto de pequenos parques, todos eles com um lago ou uma fonte cercados de plantas. Isso é ótimo para elevar o espírito das pessoas, proporcionando-lhes paz, tranqüilidade e um bom ch'i.

As Luzes

As luminárias externas são extremamente eficazes quando o terreno tem um formato irregular. Nesse caso, o remédio é usar três luminárias: uma em cada canto da parte dianteira do terreno, e a terceira, no centro da parte de trás.

Os terrenos em forma de L também podem ser solucionados. Esse tipo de terreno cria um ângulo que envia um shar que atravessa a propriedade. Nesse caso, basta colocar uma luminária no canto em frente a esse ângulo (Figura 1E). As luminárias também podem corrigir problemas causados pelo fato de a casa ter sido construída numa parte muito distante do centro do terreno. Nesse caso, elas ajudam a dar harmonia e equilíbrio.

Rampas estreitas para carros restringem o ch'i. Luminárias colocadas de ambos os lados da rampa atraem o ch'i e estimulam-no a entrar na propriedade.

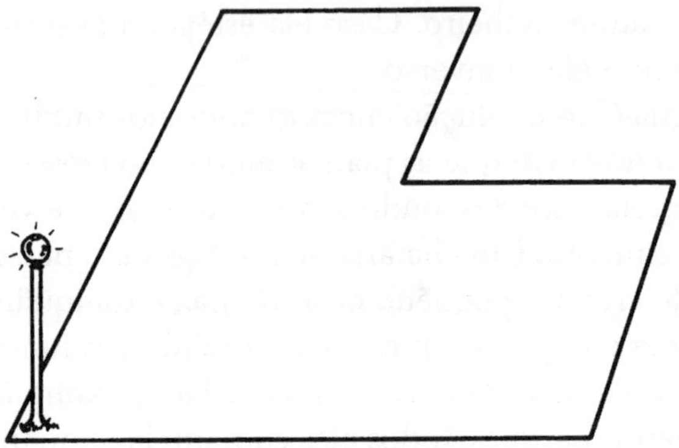

Figura 1E: Uma luminária pode ser a solução para um terreno em forma de L

Som

Os sinos tibetanos, também chamados mensageiros dos ventos, produzem um som bastante agradável quando agitados por uma brisa, e fazem-nos lembrar de que o ch'i está fluindo. Esses objetos podem ser feitos de uma grande variedade de materiais. Prefira sinos que tenham uma aparência atraente e produzam sons melodiosos. Eles podem ser colocados em qualquer lugar, dentro ou fora de casa. Pendurá-los do lado de fora da porta da frente ou dos fundos é uma excelente opção. É importante que eles estejam num local em que possamos vê-los e ouvi-los.

Outros sons também podem ser excelentes soluções no feng shui. O sopro de uma brisa entre as árvores pode abafar e reduzir outros sons, como o barulho do tráfego. O som da água num chafariz pode servir para o mesmo propósito e é duplamente benéfico, pois também cria ch'i positivo.

Movimento

O movimento é mais usado como uma solução quando o problema está dentro de casa. No entanto, um móbile bonito, que se agite com a brisa, atrai ch'i e dá prazer aos olhos. Minha mulher e eu temos um amigo que tem o móbile de um urso fazendo uma escalada para pegar um pote de mel. À medida que o móbile se agita suavemente, o urso vai chegando cada vez mais perto do pote, até cair novamente e começar novamente a escalada. A visão desse urso sempre provoca um sorriso no rosto das pessoas. Isso cria um ch'i bom, positivo.

Os Cinco Elementos

Os antigos chineses acreditavam que tudo no universo era composto por um destes cinco elementos: madeira, fogo, terra, metal e água. O ano de nascimento determina a que elemento pertencemos. Você pode descobrir o seu elemento pessoal consultando o Apêndice no final deste livro. Esses elementos podem ser combinados de várias formas, mas as mais comuns são conhecidas como *Ciclo da Criação* e *Ciclo da Destruição*.

O Ciclo da Criação

No Ciclo da Criação (Figura 1F), a madeira queima e cria o fogo. O fogo dá origem à terra. Da terra, obtemos o metal. O metal liquidifica simbolicamente e cria a água. A água nutre e cria a madeira.

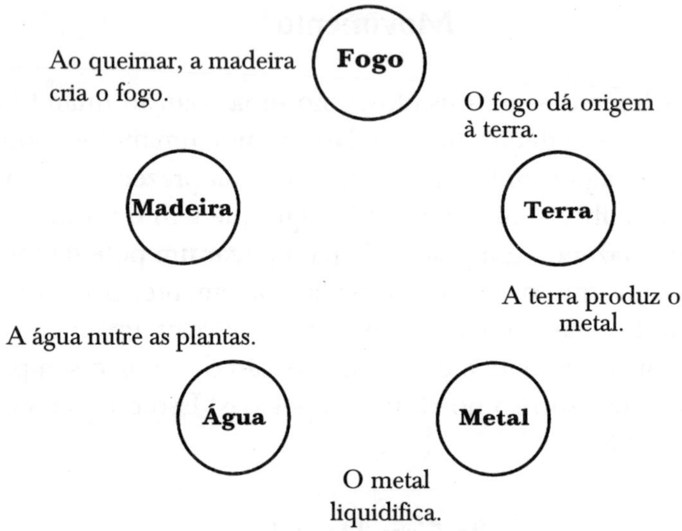

Figura 1F: O Ciclo da Criação

O Ciclo da Destruição

No Ciclo da Destruição (Figura 1G), a madeira se alimenta da terra. A terra absorve e bloqueia a água. A água extingue o fogo. O fogo derrete o metal e o metal corta a madeira.

O Ciclo da Criação é extremamente positivo, pois cada elemento ajuda aqueles que estão ao seu lado, no ciclo. O Ciclo da Destruição é exatamente o oposto, pois cada elemento prejudica os que estão ao seu lado no ciclo. Por isso, se o seu elemento é fogo, não convém que você tenha muita água no jardim, pois a água apaga o fogo.

Se você e o seu parceiro pertencem a elementos que estão próximos no Ciclo da Destruição, procure saber que

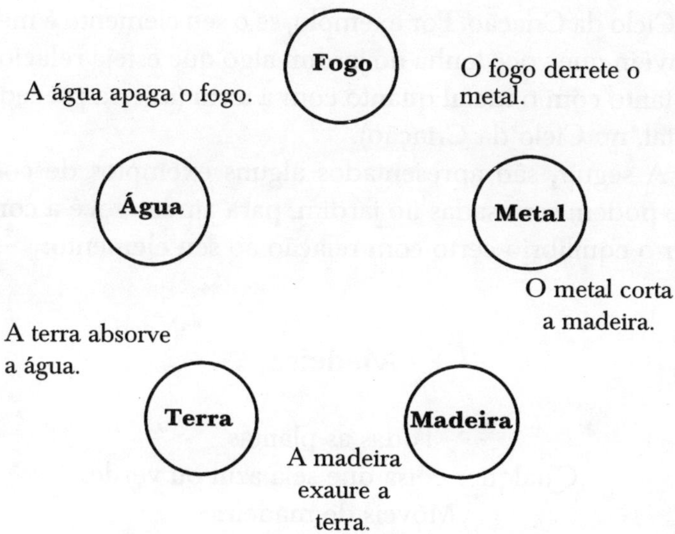

Figura 1G: O Ciclo da Destruição

elemento está entre o de vocês no Ciclo da Criação. Então coloque no seu jardim algo que o represente. Por exemplo, se o seu elemento é metal e você é casado com alguém do elemento madeira, coloque algo do elemento água no jardim, para neutralizar os aspectos negativos dessa combinação. Isso porque, no Ciclo da Destruição, o metal corta a madeira, mas no Ciclo da Criação, a água está entre o metal e a madeira.

Naturalmente, a maioria dos jardins contém uma grande quantidade de madeira, pois todas as plantas pertencem a esse elemento. No entanto, também precisamos ter no nosso jardim algo que esteja relacionado com o nosso elemento pessoal, assim como algo do elemento que precede o nosso, no Ciclo da Criação. Por exemplo, se o seu elemento é metal, convém que você tenha no jardim algo que esteja relacionado tanto com o metal quanto com a terra (a terra precede o metal, no Ciclo da Criação).

A seguir, são apresentados alguns exemplos de coisas que podem ser usadas no jardim, para ajudar você a conseguir o equilíbrio certo com relação ao seu elemento:

Madeira

Todas as plantas
Qualquer coisa que seja azul ou verde
Móveis de madeira
Cercas de madeira
Objetos retangulares, como postes, pilares e colunas.

Fogo

Luminárias externas
Velas e incenso
Churrasqueiras
Qualquer coisa vermelha
Animais domésticos e outros animais
Estátuas
Qualquer coisa triangular ou de forma piramidal
Construções com telhado inclinado

Terra

Objetos de cerâmica, de porcelana e argila
Qualquer coisa feita de barro, tijolo, ladrilho, mármore ou argila
Qualquer coisa amarela ou marrom
Areia, pedras, rochas e cristais
Qualquer coisa quadrada ou retangular

Metal

Móveis de metal
Objetos de metal, como vasos de bronze e portões ou divisórias de ferro
Qualquer coisa branca ou de cor metálica
Qualquer coisa redonda, oval ou em forma de meia-lua ou de arco

Água

Qualquer coisa que contenha água, como um lago, um chafariz ou um regato
Espelhos e vidros
Qualquer coisa azul ou preta
Formas curvas ou onduladas

Muitas coisas são uma mistura de mais de um elemento. Uma mesa quadrada de metal, pintada de vermelho, seria uma combinação de terra, metal e fogo. Esse poderia ser um bom objeto para se colocar num jardim que é feito de grama, plantas e um deque de madeira – todos do elemento madeira. O que estamos procurando é harmonia e equilíbrio. Usando os cinco elementos, podemos criar um jardim que complemente os elementos das pessoas que moram na casa, que reflita a personalidade delas e crie um ch'i benéfico em abundância.

No próximo capítulo, trataremos do místico ba-guá e, então, aprenderemos como usar de maneira prática essas informações no nosso jardim.

Capítulo 2

O Místico Ba-guá

No capítulo 1, mencionamos o quadrado mágico encontrado, cinco mil anos atrás, nas marcas do casco de uma tartaruga. Essa descoberta marcou o início do feng shui, e o quadrado mágico é tão útil hoje em dia como foi no passado.

Cada uma das nove partes do quadrado mágico está relacionada a um aspecto da nossa vida, e juntas elas compõem o ba-guá (Figura 2A). Usando os princípios básicos do feng shui, podemos progredir em qualquer um desses aspectos simplesmente ativando a área do quadrado que corresponde aos aspectos que nos interessam.

O ba-guá é colocado sobre a planta do terreno, alinhando-se a borda inferior do quadrado (Conhecimento, Carreira, Mentores) com a entrada principal da propriedade. Você também pode colocá-lo sobre áreas menores do terreno. Por exemplo, você pode, se quiser, colocar o ba-guá sobre a planta do jardim dos fundos ou apenas de uma pequena parte dele. No feng shui, quando fazemos isso, estamos usando as Aspirações do Ba-guá.

Abundância **4**	**Sucesso** **9**	**Casamento** **2**
Família **3**	**Centro da Sorte** **5**	**Filhos** **7**
Conheci-mento **8**	**Carreira** **1**	**Mentores** **6**

Figura 2A: As Aspirações do Ba-guá

Naturalmente, a casa vai ocupar uma grande parte do ba-guá, caso ele seja colocado sobre a planta de toda a propriedade. É por isso que muitas pessoas usam o ba-guá sobre diferentes áreas do jardim, em vez de colocá-lo sobre a propriedade inteira (Figura 2B).

O ba-guá funciona bem quando colocado sobre a planta de terrenos quadrados ou retangulares. Quando o terreno tem um formato irregular, ficam faltando algumas partes do ba-guá e isso precisa ser corrigido. As luminárias mencionadas no capítulo anterior são muito úteis nesses casos. No entanto, se por acaso faltar uma parte do ba-guá – a área do Casamento, por exemplo –, será preciso dar atenção especial a essa área ao colocar o ba-guá sobre outras partes do jardim. Uma alternativa seria colocar o ba-guá sobre o jardim dos fundos e ativar a área do Casamento desse jardim.

Assim estaríamos remediando a falta dessa área, quando o ba-guá é colocado sobre a planta da propriedade inteira.

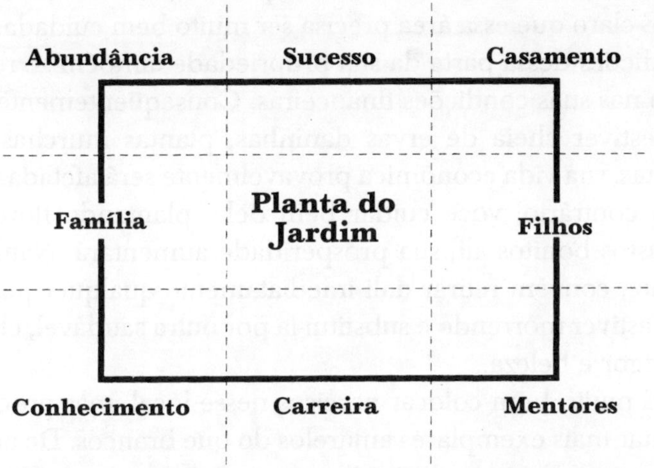

Figura 2B: Coloque o ba-guá sobre a planta do jardim

Abundância

O canto esquerdo superior do ba-guá está relacionado com a abundância. Se o ba-guá for sobreposto à planta da propriedade, essa será a área mais afastada, à esquerda, ao se atravessar o terreno na diagonal.

Se quiser ter mais prosperidade na vida, você precisa ativar essa área de alguma forma. Pode plantar flores que tenham as cores do seu elemento pessoal ou do elemento que precede o seu no Ciclo da Criação. Flores amarelas e douradas, como o dente-de-leão, são uma ótima opção para o setor da Abundância, pois essas cores simbolizam dinheiro. Você pode colocar nessa área um laguinho ou um chafariz, pois, no feng shui, a água representa dinheiro. O metal também está relacionado a dinheiro, por isso bancos de jardim feitos de metal também são apropriados.

É claro que essa área precisa ser muito bem cuidada. As condições dessa parte da sua propriedade também se refletirão nas suas condições financeiras. Conseqüentemente, se ela estiver cheia de ervas daninhas, plantas murchas ou mortas, sua vida econômica provavelmente será afetada. Se, pelo contrário, você cuidar bem dela, plantando flores e arbustos bonitos ali, sua prosperidade aumentará. Naturalmente, convém retirar dali imediatamente qualquer planta que estiver morrendo e substituí-la por outra saudável, cheia de vigor e beleza.

É muito bom colocar narcisos nesse local, mas procure plantar mais exemplares amarelos do que brancos. De acordo com a antiga tradição, isso garantirá que você sempre tenha mais ouro do que prata.

Sucesso

Próximo ao setor da Abundância, na parte central dos fundos do seu terreno, fica a área do Sucesso. Em geral, essa área está relacionada com a posição que você ocupa na comunidade a que pertence. Ela, no entanto, também pode estar relacionada com a fama, se é isso que você quer ter na vida.

Se pretende melhorar sua reputação ou ficar famoso, convém que você de alguma forma ative essa parte do seu jardim. Plantas e flores de caule comprido poderiam simbolizar a sua ascensão social. Você também pode colocar um banco nesse local, para que ali possa sentar-se confortavelmente e fazer planos.

Muitas pessoas gostam de falar sobre os planos que têm. A área do Sucesso é o lugar perfeito para você se sentar e conversar sobre seus planos, sonhos e esperanças para o futuro. Você pode dar uma visão geral de todos os seus planos ou falar apenas sobre alguns deles. Pierre Philion, do Departamento de Agricultura de Quebec, cuida de meio milhão de macieiras e arranja tempo para conversar com cada uma delas.[1]

Casamento

A área do Casamento fica no canto direito mais afastado da propriedade, com relação à entrada principal. Nos dias de hoje, a área do Casamento representa qualquer tipo de relacionamento íntimo. Se você está em busca de alguém, ou quer melhorar seu relacionamento atual, procure ativar essa área.

Esse é o lugar perfeito para se plantar flores que simbolizam amor e romance. É claro que isso varia dependendo do lugar em que você mora, mas em geral as rosas são uma boa opção. As rosas foram as primeiras flores cultivadas pelo homem e há milhares de anos simbolizam amor e romance. O dono de uma fazenda de rosas disse-me que sempre coloca um dente de alho debaixo das mudas de roseira recém-plantadas. A roseira absorve o alho através das raízes, e passa a repelir os pulgões.

Se decidir colocar um banco nessa área do jardim, prefira um que acomode duas pessoas. Se você mora sozinho, não deixe de usar os dois assentos do banco, pois, caso você se acostume a se sentar em apenas um lado dele, você estará simbolicamente reforçando o fato de que é solteiro e não parte de um casal. Usando os dois assentos do banco, em vezes alternadas, você estará mandando para o universo a mensagem simbólica de que quer ter um parceiro. É claro que é melhor ignorar esse conselho, caso prefira continuar sozinho.

Família e Saúde

Esse setor fica no terço central do terreno, do lado esquerdo da propriedade. Ele representa a família no sentido mais amplo do termo. Refere-se basicamente às pessoas que estão próximas a você e com quem você se importa. Ele também representa a saúde das pessoas que moram na casa.

Naturalmente, convém cuidar muito bem dessa área, enchendo-a de flores multicoloridas. Se alguém na casa não estiver bem, plante flores que estejam relacionadas com o elemento que precede o elemento dessa pessoa no Ciclo da Criação.

Se você está passando por problemas de família, plante flores nas cores dos elementos pessoais de todos os moradores da casa.

Centro da Sorte

Essa área corresponde ao centro do terreno. Na maioria dos casos, ela é parcialmente ocupada pela casa. Por isso, em geral ela é ativada só como parte de um jardim que ocupa uma porção da propriedade.

Esse local também é conhecido como Centro Espiritual. É um bom lugar para se ter um chafariz ou uma banheira de passarinhos. Uma alternativa seria colocar aí uma pérgola, um caramanchão, um viveiro de pássaros, uma grande pedra ou qualquer coisa que atraia o olhar das pessoas que estiverem no jardim.

As plantas que evocam sentimentos ligados à espiritualidade também são apropriadas. Na minha opinião, as flores vermelhas parecem ser ideais para esse local.

Filhos

O setor dos Filhos está na parte central do lado direito do terreno. Ele está relacionado aos jovens e ao bem-estar deles. Também está associado à criança que existe dentro de todos nós. Esse é um bom lugar para deixar sua imaginação fluir livremente. Quanto mais colorido ele for, melhor. Se você tem filhos pequenos, esse é um bom lugar para se fazer um gramado onde eles possam brincar.

Se você quer ter filhos ou está com problemas com os seus, procure ativar essa área. Prefira cores relacionadas ao elemento que precede o deles, no Ciclo da Criação.

Conhecimento

A área do Conhecimento fica no lado esquerdo do jardim, bem em frente à área da Família. Ela está relacionada com o conhecimento, com o aprendizado e com a sabedoria mais profunda.

Esse é um bom lugar para se plantar árvores frutíferas ou qualquer outra planta de vida longa. Tenho amigos que plantaram um carvalho nessa área do jardim. Eles sabem que não viverão o suficiente para ver a árvore adulta, mas para eles o carvalho representa sabedoria e serenidade.

Carreira

A área da Carreira compreende o terço central da frente do terreno. Convém ativá-la para que você tenha chance de progredir em sua carreira. Como em geral a entrada da propriedade fica na área da Carreira, procure colocar nesse local plantas coloridas e bonitas, que chamem a atenção e atraiam o ch'i para dentro da propriedade e também da casa.

Se você não está satisfeito com os rumos tomados pela sua carreira, você pode ativar essa área com flores que estejam relacionadas com o seu elemento pessoal.

Mentores e Viagens

A área dos Mentores e das Viagens fica do lado direito da entrada principal, ao lado da área da Carreira e em frente à área dos Filhos. Existe um velho ditado que diz: "Quando o discípulo está pronto, o mestre aparece." Você pode acelerar esse processo, ativando a área dos Mentores.

Se quiser viajar, você pode, dependendo do clima, plantar arbustos, flores e árvores que lembrem o lugar que você quer visitar.

As Aspirações do Ba-guá servem como um guia. Não existem regras que não possam ser alteradas. É natural que você queira ter um jardim que o agrade. Pode ser que não seja possível plantar árvores frutíferas no setor do Conhecimento, devido à topografia do terreno. Ou talvez você simplesmente prefira plantá-las em outro lugar. Do ponto de vista estético, talvez não convenha plantar esse tipo de árvore ali.

O melhor lugar para se plantar árvores frutíferas, ou qualquer outra planta, é onde você acha que elas cresceriam saudáveis e vigorosas. As Aspirações do Ba-guá podem ajudar você a tomar decisões que favoreçam o aumento do nível de ch'i na sua propriedade, e devem ser usadas em conjunto com seu senso estético e as características do terreno, nunca isoladamente.

Capítulo 3

Um Novo Jardim

Você é uma pessoa de sorte se puder começar o seu jardim do zero. Muitas pessoas compram uma propriedade e têm de morar nela como está ou modificar o que já existe.

Existem muitas pessoas que compram casas, particularmente em grandes loteamentos, que não têm jardim nenhum. Isso dá a elas a possibilidade de fazer um jardim que valorize a propriedade e crie a maior quantidade possível de ch'i.

Tome cuidado caso você esteja comprando uma casa num loteamento novo. Certifique-se de que todos os lotes vizinhos são aproximadamente do mesmo tamanho. Será melhor que todas as casas fiquem mais ou menos do mesmo tamanho e tenham valor semelhante, pois, caso uma delas fique desproporcional às outras, isso afetará o ch'i de toda a vizinhança. Se possível, compre um lote de formato retangular. Terrenos triangulares, em forma de L ou de T dão origem a alguns problemas, do ponto de vista do feng shui. Embora eles possam ser resolvidos, é melhor evitá-los se isso for possível.

Não compre um lote que esteja na extremidade de uma rua sem saída (Figura 3A). Isso porque os outros moradores esgotarão o ch'i antes que ele chegue na sua casa. Também evite comprar um lote se ele estiver bem na frente de uma rua que convirja diretamente para ele, pois isso criaria um shar potencialmente perigoso.

Observe a vegetação ao redor para ver se ela é rica e luxuriante. Em geral, os donos de loteamentos mandam arrancar toda a vegetação do local para facilitar o trabalho deles. Até que parte dela cresça novamente, pouquíssimo ch'i será produzido. No caso de loteamentos bem planejados, no en-

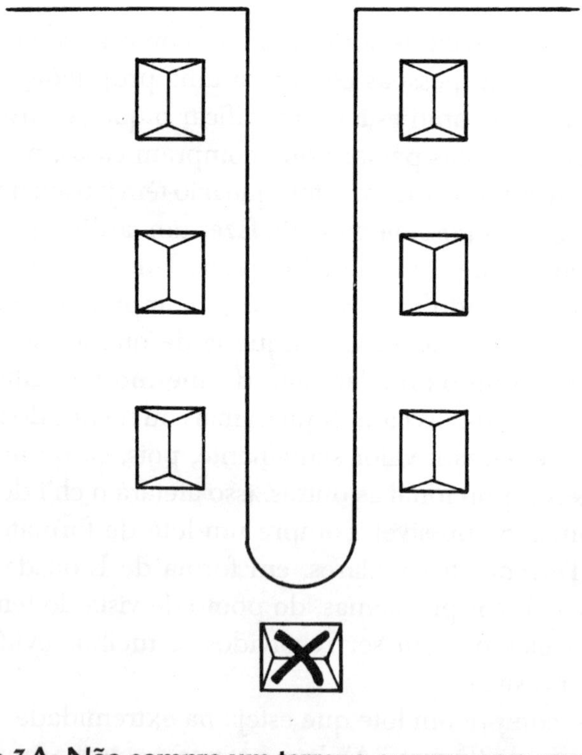

Figura 3A: Não compre um terreno ou uma casa que fique na extremidade de uma rua sem saída.

tanto, a quantidade de ch'i pode até aumentar depois que o projeto estiver concluído.

Visite o lote que você tem em vista em horários diferentes e em dias frios e quentes. Talvez você descubra que o terreno é açoitado por ventos cortantes que levam todo o ch'i embora. Ou quem sabe você perceba que existe algo bloqueando a luz do sol numa certa hora do dia. Talvez você constate que a água fica empoçada no meio do terreno e demore a escoar. É melhor ficar ciente desses problemas em potencial *antes* de fazer negócio, e não depois.

É claro que a maneira como você vai planejar o seu jardim pode ser diferente da maneira como eu o faria, pois isso vai depender de como você vai usá-lo. De acordo com um velho ditado, "Não há nada de novo sob o sol". Isso de fato é verdade quando se trata do projeto de um jardim.

Existe um determinado número de estilos que podem ser logo identificados. É melhor basear o seu desenho num desses estilos padronizados e, dali em diante, fazer as mudanças que achar conveniente. Isso lhe dará uma base sobre a qual trabalhar e garantirá que o seu jardim tenha uma certa harmonia.

É claro que o estilo que escolher precisará se harmonizar com a sua casa. Um jardim extremamente formal, estilizado, pode ficar perfeito numa casa senhorial de estilo georgiano, mas ficaria ridículo num pequeno chalé caindo aos pedaços. Na verdade, o tipo de casa que você tem é, provavelmente, o que determina o estilo mais apropriado de jardim. Apresentarei a seguir a descrição dos estilos de jardim mais comuns.

Jardim Formal

Antigamente, o jardim formal costumava ser completamente simétrico; um lado era um reflexo perfeito do outro. Atualmente, isso já não é tão importante. Os jardins formais de hoje ainda seguem um padrão regular, geométrico, mas já não é necessário que ele tenha obrigatoriamente uma simetria perfeita. É mais provável que ele tenha plantas estilizadas, cercas e gramados muito bem aparados, caminhos que levam a gazebos, alamedas margeadas por árvores, lindas vistas emolduradas e lagos ou tanques tradicionais. O jardim formal baseia-se nos contrastes e no equilíbrio. A maior parte dos paisagistas e jardineiros acha difícil trabalhar dentro dessa estrutura formal e procura suavizar esse efeito com plantas que tradicionalmente não seriam usadas.

Jardim Campestre

O estilo campestre está relacionado com o estilo formal, pois ainda mantém um certo grau de formalidade. No entanto, enquanto no jardim formal tudo é rigorosamente podado, no estilo campestre o jardineiro deixa que as plantas cresçam e se espalhem, eliminando divisões muito marcadas e criando uma sensação de casualidade.

Em outros tempos, o estilo campestre era uma mistura de quase tudo, exceto de arbustos. Nos dias de hoje, simplicidade é a palavra-chave. Costuma-se plantar ervas aromáticas e verduras ao lado de árvores perenes. Flores perfumadas e árvores frutíferas também são bastante usadas.

A nostalgia é uma das causas da popularidade desse tipo de jardim. É importante, por exemplo, criar uma atmosfera antiquada usando materiais autênticos ou, pelo menos, que pareçam autênticos. No entanto, o caráter singelo do estilo campestre eleva a nossa alma e pode nos ajudar a combater a tensão e o *stress* do nosso estilo de vida agitado.

Jardim Mediterrâneo

O estilo mediterrâneo é usado no mundo inteiro, principalmente nos locais em que o verão é quente e seco e o inverno é ameno. O jardim mediterrâneo leva em conta o equilíbrio entre luz e sombra. Sempre há bastante espaço para que as pessoas possam passar momentos agradáveis ao ar livre. São comuns as áreas usadas tanto para jantares formais quanto para descanso. Ladrilhos, vasos de terracota e superfícies caiadas, tudo isso faz parte desse estilo.

Naturalmente, as plantas precisam ser adequadas ao clima extremamente seco. Pode-se lançar mão de uma grande variedade de cores vibrantes, pois a luz intensa do sol tende a suavizá-las. Plantas perenes são essenciais, pois dão um colorido ao jardim durante o inverno e proporcionam sombra no verão. Feng shui significa “vento e água”, e a irrigação é um requisito básico do jardim mediterrâneo.

Jardim Zen

O jardim japonês zen é uma obra de arte de simplicidade (Figura 3B). No Japão, ele é considerado um lugar de quietude, espiritualidade e contentamento. No Ocidente, é raro encontrar um jardim zen autêntico, mas nós podemos aproveitar as idéias de quietude, espiritualidade e contentamento no nosso próprio jardim. O uso bem planejado do espaço nos atrai para dentro do jardim, ao mesmo tempo que nos mantém à distância.

Figura 3B: Jardim japonês

O jardim zen costuma ser uma combinação de cascalho (ou areia) e pedras. As pedras formam ilhas no mar de cascalho, e o cascalho é remexido para se criar o efeito de ondas quebrando nas ilhas.

As plantas também fazem parte do jardim, mas são cuidadosamente podadas e nunca podem crescer sem controle. A água é importante também. Sempre há pequenos e belos lagos que conferem frescor e interesse à cena. Pequenos regatos e quedas d'água produzem um som ambiente que acalma e renova a alma.

Os cursos d'água e as plantas são cuidadosamente posicionados, de forma a representar o caminho da natureza. Por exemplo, no famoso jardim de pedras do templo Ryoan-ju, em Kioto, o cascalho fino e branco representa os oceanos, enquanto as pedras simbolizam pequenas ilhas. Os agrupamentos de rochas criam um espaço sagrado para os deuses.

Jardim Interno

Os jardins internos provavelmente remontam ao tempo dos romanos e chegaram ao auge da popularidade nos mosteiros medievais (Figura 3C). O requisito básico é que eles

Figura 3C: Jardim interno

sejam, logicamente, cercados, ao menos em parte, por paredes, em geral da própria casa ou de uma propriedade vizinha.

Os jardins internos costumam proporcionar uma boa dose de privacidade, o que os torna o lugar ideal para receber visitas ao ar livre. Tradicionalmente, eles são quadrados ou retangulares, embora hoje em dia qualquer forma seja aceitável. Tenho amigos em Bath, Inglaterra, que têm um jardim interno de formato triangular. Eles usaram um espaço que antes era inútil para fazer um delicioso jardim, e que também serve para receber visitas.

Jardim de Ervas Medicinais e Aromáticas

Os jardins de ervas costumam ocupar uma parte de um jardim maior, embora eu já tenha visto muitos jardins exclusivamente de ervas. Em qualquer lugar que fossem, os antigos romanos costumavam plantar ervas junto com as vinhas, as árvores frutíferas e os vegetais. Esse costume foi adotado pelos monges da Idade Média e muitos desses jardins de ervas existem até hoje.

Os jardins de ervas não são apenas decorativos; pelo contrário, são extremamente práticos, devido à grande variedade de ervas usadas tanto na culinária quanto para fazer remédios (ver capítulo 8).

Jardim Misto

A maioria dos jardins pertence a essa categoria. Trata-se de uma combinação de plantas que dão flores, árvores frutíferas, vegetais e qualquer outra coisa que agrade o dono do jardim. Eu conheço uma pessoa que planta cenouras de ambos os lados do caminho sinuoso que vai até a porta da frente de casa. Em muitos jardins, isso poderia parecer algo totalmente fora de propósito, mas funciona muito bem num jardim misto como o dessa senhora.

A maioria dos jardins mistos começa sem planejamento e vai mudando gradativamente ao longo dos anos, à medida que os donos vão modificando-os de acordo com suas preferências. Os jardins mistos podem ser extremamente belos, e geralmente revelam mais sobre a personalidade do dono do que os outros tipos de jardim. No entanto, às vezes eles passam uma impressão de desordem e confusão, que os torna pouco atraentes.

Jardim Secreto

Todo mundo adora um segredo. Você se lembra de como ficava excitado, na infância, quando alguém lhe contava um segredo? O jardim secreto é um lugar em que você pode ficar a sós, para relaxar, meditar e refletir. Geralmente ele é um jardim fechado protegido do vento e da erosão. O jardim secreto é tão importante no feng shui que o capítulo 7 é totalmente dedicado a ele. Para saber como fazer o seu, consulte esse capítulo.

Como Avaliar a sua Propriedade

Talvez você queira ter um jardim todo planejado e bem cuidado. Ou talvez você tenha filhos pequenos e prefira um em que eles possam brincar. Talvez você queira um jardim zen, que o ajude a desenvolver a sua espiritualidade. São inúmeras as possibilidades, quando se trata de se fazer um jardim. No entanto, independentemente da forma que ele terá, os princípios do feng shui podem ajudar você a fazer dele um jardim maravilhoso, que traga a maior quantidade possível de ch'i para a sua casa.

A primeira coisa a fazer é observar se a propriedade tem algum tipo de proteção nos fundos. Os antigos chineses acreditavam que debaixo dos morros e das montanhas vivia um dragão verde ou um tigre branco. O lugar em que esses dois animais se uniam simbolicamente era considerado o lugar perfeito para se construir uma casa. O dragão estava sempre do lado leste e o tigre do lado oeste. Juntos, eles formavam uma barreira em forma de ferradura, que protegia a casa que estivesse dentro dos seus limites.

Nos dias de hoje, é raro encontrar um lugar que tenha essas características. Por isso, as pessoas têm que usar as casas vizinhas como representantes simbólicos dos dragões e dos tigres. Observe o terreno atrás da sua casa e veja se ele fica protegido por outras casas, por uma elevação de terra ou por árvores. Se ele não tem nenhuma proteção, será preciso que você plante árvores na parte dos fundos da casa para que esta fique protegida. Procure fazer com que essas árvores estendam-se pelas laterais do terreno, como se formassem um semicírculo em torno da casa, dando-lhe proteção.

Nos Novos Territórios de Hong Kong, existem bosques feng shui. Esse arvoredo proporciona proteção para uma vila inteira. São constituídos das árvores mais antigas de Hong Kong e, tradicionalmente, neles são usadas apenas plantas nativas. Hoje em dia, tem-se o hábito de plantar árvores que beneficiem toda uma vila. Um exemplo disso é a goiabeira, o pé de lichia e a árvore usada pelos chineses na fabricação de incenso.[1] Pode parecer estranho nos dias de hoje que um grupo de vizinhos se reúna para providenciar uma proteção desse tipo para todas as casas do bairro. A maioria das pessoas tem de providenciar a sua própria proteção simbólica.

Depois que os fundos e as laterais da casa estiverem protegidos, dê uma olhada na rampa da garagem e no caminho que leva até a porta da frente. Essas são as principais vias que o ch'i usará para chegar até a porta. Caminhos sinuosos ou curvos são mais indicados do que os caminhos retos. Além de serem mais interessantes e harmoniosos, eles favorecem o fluxo suave do ch'i. É muito bom quando o caminho faz uma ligeira curva ao se aproximar da porta da frente. O ch'i fica restrito quando o caminho se estreita nesse ponto. Você precisa manter a rampa da garagem e o caminho até a porta sempre em boas condições. Sujeira e ervas daninhas criam ch'i negativo.

Seria melhor que o seu terreno ficasse num nível um pouco mais elevado com relação à rua. Isso porque, nesse caso, você teria de subir para chegar à sua casa, o que seria um sinal auspicioso para atrair sorte. Ao sair de casa, você teria de caminhar por uma descida, o que é considerado mais "fácil". Assim, portanto, você estaria simbolicamente avançando mais rápido rumo àquilo que quer.

Se houver degraus, eles devem ser largos e baixos. Degraus estreitos e altos demais podem atrair má sorte e, por isso, devem ser evitados.

Se quiser, você pode ter plantas e árvores nos dois lados da entrada principal, servindo como guardiãs simbólicas. Tenho amigos que plantaram coníferas dos lados da entrada da casa. Eles se referem às árvores como “soldados”, pois sentem que elas de fato guardam e protegem toda a propriedade.

Assegure-se de que não há nenhuma planta exatamente em frente à porta de entrada, pois isso restringiria o fluxo de ch’i no ar. Da mesma forma, árvores que parecem inclinar-se na direção da casa causam nos moradores uma sensação de opressão. Se na sua propriedade houver árvores assim, procure podá-las ou substituí-las por outras que não provoquem essa constante pressão sutil.

Canteiros de flores margeando ambos os lados do caminho até a porta proporcionam colorido, perfume e um excelente ch’i à propriedade. Vasos de plantas com flores coloridas ao lado da porta da frente aumentam ainda mais esses benefícios e fazem com que os visitantes sintam-se bem-vindos (Figura 3D).

Procure investigar se as casas vizinhas mandam shars na direção da sua casa. Esses shars podem ser causados pela quina formada por duas paredes, apontando diretamente para você ou, o que é mais freqüente, pela quina de um telhado. Se houver shars como esses, você terá que remediá-los fazendo com que desapareçam simbolicamente. Existem muitos métodos para fazer um shar desaparecer. Você pode plantar árvores ou uma cerca viva ou construir um muro que impeça a visão do shar. Se isso não for possível, pendure um espelho ba-guá para refletir simbolicamente o shar para o lugar de onde ele veio.

Chegou a hora de olhar a paisagem ao redor da propriedade. O ideal seria que o terreno fosse plano ou ligeiramente inclinado. Declives muito acentuados são um problema em potencial. Se você colocar um ba-guá sobre a planta do

Figura 3D: Vasos de plantas dos lados da porta da frente são muito benéficos, além de aumentar o fluxo do ch'i

terreno, você vai saber que aspecto da sua vida esses declives afetarão. Colocar luminárias nesses declives seria uma boa solução.

Agora olhe para a casa em si. Se ela não tiver um formato quadrado ou retangular, você pode "completar" o peda-

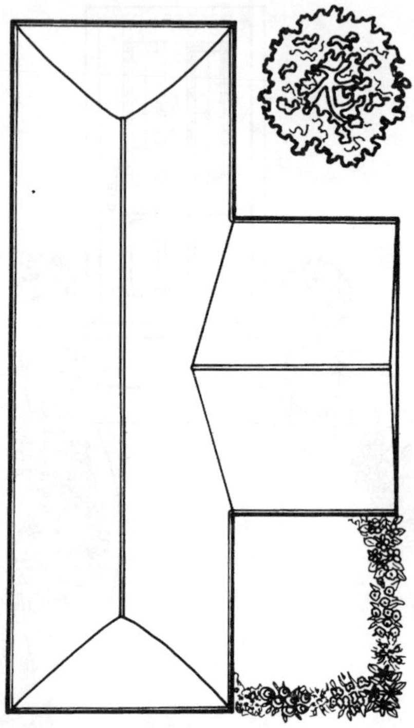

Figura 3E: O projeto de um jardim pode "completar" simbolicamente uma casa que não seja quadrada ou retangular.

ço da casa que parece estar faltando com um projeto de jardim (Figura 3E). Tenha cuidado ao usar plantas que crescem depressa, pois elas costumam ser mais um problema do que uma solução, principalmente se ficam muito altas. Lembre-se de que o ch'i também entra na casa através das janelas. Portanto, é melhor não bloquear a passagem do ch'i com plantas demais.

Aliás, é uma boa idéia entrar na casa e olhar através de cada janela, imaginando o que você gostaria de ver. O ideal seria que você pudesse ter uma linda vista de todas as janelas. Talvez seja preciso fazer um projeto cuidadoso para esconder com plantas qualquer coisa que crie um shar ou que lhe pareça feia. Alguns vizinhos meus fizeram uma cerca viva para esconder a visão de um horrível transmissor de força.

Pense também numa forma de acrescentar água no jardim da frente da casa. A água é algo extremamente positivo quando está na frente da propriedade, pois ela estimula o fluxo do dinheiro. Uma banheira de pássaros ou um pequeno lago pode proporcionar um belo efeito decorativo, além de atrair dinheiro. Mas você precisa evitar que a água esteja do seu lado direito quando você olha para fora da casa. Existe uma antiga tradição no feng shui segundo a qual, se a água estiver nessa posição, o dinheiro entra, mas o marido tende a perdê-lo.[2] A água também precisa estar limpa. Água suja cria ch'i negativo, ou shars.

Construir uma piscina não sai muito barato, mas ela pode melhorar suas condições financeiras, se estiver na posição correta. Piscinas em formato de feijão precisam estar posicionadas de forma que pareçam envolver a casa. Isso assegura o sucesso financeiro. É preciso que a água pareça fluir em direção à casa. Por isso, se a piscina tiver uma cascata, é bom que ela fique na extremidade mais distante da casa, para que pareça fluir para você.

O som de água corrente é tão agradável que nos proporciona paz e harmonia. Outros sons podem ser produzidos por sinos tibetanos, como aqueles feitos de bambu, ou pelo canto de passarinhos. Todas essas coisas fazem do seu jardim um lugar mais agradável para você usufruir. Assim como dão mais prazer, elas também ajudam a atrair e criar mais ch'i.

Se o seu lote é aberto para a rua, talvez você queira construir um muro ou uma cerca viva que lhe dê mais privacidade. Assim você também poderá reduzir o barulho do tráfego, caso a rua seja movimentada, e eliminar qualquer shar criado por um entroncamento em forma de T ou pelas casas que ficam do outro lado da rua. Também é bom que haja uma divisão bem definida entre a sua propriedade e a rua.

O jardim que fica na frente da casa geralmente é mais formal do que o dos fundos. Pense no efeito que você quer criar. Você quer que a sua propriedade seja alvo de elogios dos transeuntes? Você quer parecer uma pessoa bem-sucedida? Você quer ter uma casa que não exija de você uma atenção contínua ou prefere uma em que possa trabalhar o tempo todo?

A *aparência* do jardim é muito importante, claro, mas não se esqueça de lhe acrescentar cor, perfume e sons. Suas preferências pessoais contam muito nesse caso; passado algum tempo, você vai conseguir um jardim harmonioso, sempre diferente, que lhe trará uma satisfação infinita e terá a sua cara.

É uma boa idéia usar no jardim algum material que tenha sido usado na casa. Alguns amigos meus, que moram numa casa de tijolinhos aparentes, mandaram fazer canteiros de flores com esse mesmo acabamento no jardim que fica em frente à casa. Isso dá uma sensação de continuidade.

Equilibre a energia yin e yang do seu jardim. Isso pode ser feito de muitas maneiras. Você pode criar um efeito de luz e sombra, por exemplo. Se o jardim é banhado pelo sol o dia inteiro, você pode plantar algumas árvores que dêem sombra, para equilibrar a energia do lugar e proporcionar um local agradável onde as pessoas possam se sentar. Se o jardim não receber luz solar, plante flores brancas para acrescentar energia yang ao ambiente yin.

O jardim dos fundos costuma ser um lugar mais reservado e informal. É um bom local para plantar verduras e legumes ou árvores frutíferas, para fazer um jardim secreto, um ponto agradável onde se possa sentar e relaxar ou até mesmo para se ter um pequeno espaço onde as plantas possam crescer à vontade.

Você é uma pessoa de sorte se pode começar a fazer o seu jardim desde o projeto. Se possível reserve uma parte do jardim para ser uma área de descanso, onde você possa relaxar e ficar em paz com a natureza, longe de todos os problemas do dia-a-dia. Falaremos sobre o jardim secreto no capítulo 7.

Quando compramos a nossa primeira casa, um vizinho idoso atravessou a rua e veio nos cumprimentar. Ele disse com ar autoritário que devíamos ter uma horta e um jardim florido.

— As verduras enchem o estômago — disse ele. — E as flores alimentam a alma.

Ele estava certo, claro. Muitas pessoas não se preocupam em ter uma horta e deixam de usufruir o prazer de comer vegetais frescos e deliciosos, sem fertilizantes químicos e herbicidas.

Pode-se fazer uma horta em qualquer lugar, embora seja mais comum que ela fique nos fundos, perto da cozinha. Muitos casais dividem as tarefas do jardim; um cuida da horta enquanto o outro cuida das flores. Não há nada de errado nisso.

Qualquer método que funcione pode ser considerado bom. No entanto, você pode tentar fazer a horta nos setores do Casamento ou da Família e ver o que acontece. Um dos casais mais felizes que eu conheço casou-se há mais de sessenta anos. Tom e Sylvia atribuem o sucesso do casamento ao fato de que eles sempre cuidaram do jardim juntos. Assim, eles compartilharam seus triunfos e fracassos. Vale a pena contar aqui a receita de Tom para se ter um jardim bonito. Nada poderia ser mais simples:

– Cuide das plantas de que você gosta.

Quando fizer um esboço do seu novo jardim, leve em conta também a natureza à sua volta. Todas as coisas vivas aumentam o feng shui do jardim. Você pode atrair pássaros com uma banheira própria para eles ou pendurar suportes com alpiste. Naturalmente, é melhor colocar tudo isso em locais onde você possa apreciar os pássaros, sem esquecer de mantê-los fora do alcance dos gatos. Os pássaros também são atraídos por pequenas frutinhas.

Você pode atrair outros animais silvestres com plantas nativas ou com um pequeno lago. Abelhas e borboletas são atraídas pelas flores. Sebes e muros de pedra, ou feitos de troncos, atraem uma enorme gama de pequenos animais, como centopéias e guaxinins.

Não tenha pressa. Você não precisa fazer tudo de uma vez. Faça um pedaço do jardim e depois outro. Peça o conselho de alguém se precisar. As pessoas que apreciam jardinagem ficarão felizes de poder dar conselhos e sugestões. Ao longo dos anos, encontrei em lojas de jardinagem coisas extremamente úteis e eficazes. Existem também muitos livros sobre jardinagem, assim como fitas de vídeo e programas de televisão.

Capítulo 4

Como Melhorar um Jardim por Meio do Feng Shui

A maioria das pessoas não pode se dar ao luxo de projetar o seu próprio jardim; depois de mudar para uma nova casa, elas têm que ir fazendo ao poucos pequenos ajustes naquilo que já havia. Tente olhar para o seu jardim da forma mais imparcial possível. Isso pode ser difícil, especialmente se você é apaixonado por jardinagem e o compara com o jardim que você já teve. Se necessário, peça para outra pessoa dar uma olhada nele e apontar tudo o que, aos olhos dela, é preciso mudar.

Algumas coisas podem ser bem óbvias, enquanto outras são extremamente sutis. Quando eu e minha família nos mudamos para a casa onde moramos atualmente, percebemos no mesmo instante uma velha macieira coberta de musgo, que apodrecia no setor da Abundância. Em outros tempos, ela talvez desse muitos frutos e favorecesse a prosperidade dos moradores da casa; mas, na época em que mudamos, a árvore gerava mais ch'i negativo do que positivo. Resolvemos então arrancá-la. Como eu sempre costumo substituir as árvores que arranco, plantei imediatamente duas pereiras num lugar próximo de onde estava a velha macieira.

O seu lote é retangular? Lotes triangulares ou em forma de L ou de T criam problemas, embora seja possível solucioná-los. Luminárias de jardim e árvores são as soluções mais comuns para terrenos de formato irregular. Comece avaliando a propriedade a partir da rua:

1. O jardim parece convidar as pessoas a entrar na casa?
2. Ele reflete a sua personalidade? Existem colinas, casas próximas ou árvores nos fundos da casa, que dêem uma sensação de proteção?
3. A rampa de carros faz uma curva suave que o leva gradativamente até a porta da frente?
4. A rampa é margeada por canteiros de flores, que criam e atraem a energia ch'i?
5. Existe alguma coisa que faça sombra sobre a casa, em alguma parte do dia? Um prédio vizinho, por exemplo, não parecerá apenas ameaçador e desproporcionalmente grande, como também pode fazer uma sombra shar sobre a sua propriedade, durante parte do dia.

Agora, olhe para a casa em si e faça as seguintes perguntas:

1. Ela parece muito pequena ou muito grande, tendo em vista o tamanho do terreno? No feng shui, é preferível que a casa fique no meio do terreno. Não existe problema se o jardim dos fundos for ligeiramente maior do que o da frente, pois assim você pode plantar nos fundos algumas árvores e arbustos que dêem proteção à casa.
2. O jardim combina com o estilo da casa? As casas vizinhas mandam shars em direção à sua?

3. Existe algum shar vindo do jardim, que afete a sua casa?
4. A garagem parece uma boca aberta, prestes a devorar qualquer um que passe por perto?

A garagem é um fenômeno recente no feng shui. Ela é considerada uma área negativa, cheia de energia ch'i estagnada. Os cômodos que ficam sobre a garagem também não são os melhores, pois acredita-se que as vibrações dos carros afetem o fluxo de energia e perturbem os ocupantes desses cômodos.

A garagem ideal, do ponto de vista do feng shui, é completamente desligada da casa. Assim, a energia que flui para a casa não é afetada pelo vaivém dos carros.

A pior posição para a garagem é na frente de um cômodo importante, como um dormitório (Figura 4A). Isso significaria que os carros que entram na garagem estão, na verdade, indo de encontro à pessoa que usa o cômodo. O remédio para isso é pendurar um espelho de ambos os lados da parede que liga o quarto à garagem. O espelho que fica do lado da garagem precisa ser colocado com cuidado para que o motorista não seja ofuscado pelo reflexo dos faróis no espelho.

As melhores rampas de carro são aquelas de traçado circular ou semicircular, pois acredita-se que esse tipo de rampa atrai o ch'i e favorece a prosperidade. Nada na natureza é absolutamente reto. Ainda bem, pois os antigos chineses acreditavam que os fantasmas só andam em linha reta. Felizmente, uma rampa totalmente reta pode ser suavizada por canteiros de flores que a margeiem de ambos os lados.

Sempre me pareceu estranho o fato de que ninguém sonha em construir uma casa sem ter uma planta na mão,

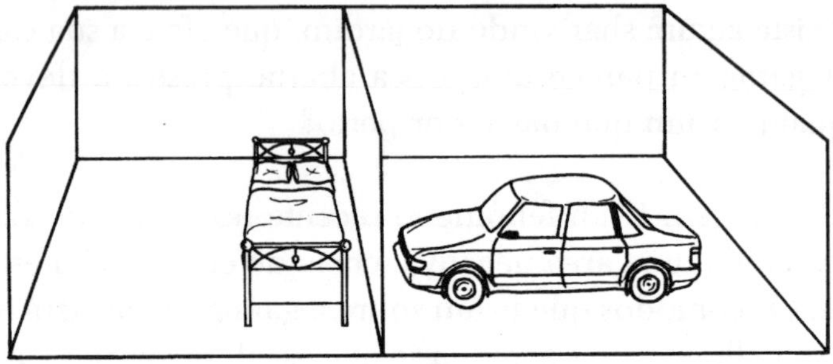

Figura 4A: A pior posição para a garagem

mas quase ninguém pensa sequer em esboçar no papel um desenho que dê uma idéia do que querem fazer no jardim. Sem um projeto, você pode perder muito tempo, esforço e dinheiro para fazer um jardim difícil de cuidar e que lhe dá pouco ou nenhum prazer.

Não é preciso que seja um projeto muito elaborado; na verdade, quanto mais simples ele for melhor. Você precisa decidir o que quer fazer no jardim, levar em conta o que já existe lá e então fazer um desenho. Você também tem de considerar o seu tempo disponível para cuidar do jardim. A quantia de dinheiro de que você dispõe determinará o que vai fazer imediatamente e o que terá que ficar para depois.

Obviamente, haverá fatores estruturais que você não poderá ou não pretenderá mudar. Uma estufa, um jardim de pedras, caminhos cimentados e uma piscina são bons exemplos disso. O seu terreno também terá características que não poderão ser alteradas facilmente. Se uma parte do terreno formar um declive, você poderá nivelá-lo, mas isso poderá sair caro e levar muito tempo. Talvez haja ali uma linda árvore que esteja na posição errada. Embora ela talvez ficasse melhor em outro lugar, seria praticamente impossível plantá-la em outra parte do jardim.

No entanto, existem muitas outras coisas que você *pode* mudar, se quiser. É bem mais fácil mudar o local de um barracão de ferramentas ou de um varal, por exemplo.

Depois que você fizer uma planta simples da sua propriedade, coloque o quadrado mágico sobre ela, alinhando a borda inferior (os setores do Conhecimento, da Carreira e dos Mentores) com a entrada da propriedade. Assim você poderá avaliá-la, levando em conta os vários aspectos da sua vida, de acordo com o que é mostrado nas noves áreas do quadrado mágico. Talvez você venha a descobrir que o setor do Casamento fica justamente numa área cheia de tufos de ervas daninhas, e que a área da Carreira corresponde ao lugar em que você deixa o lixo, antes de ele ser recolhido.

Examine cada uma das nove áreas, prestando especial atenção às que você quer melhorar. Por exemplo, se está em busca de um parceiro, ou está com problemas com o atual, você precisa avaliar com cuidado a área do Casamento do jardim. Há nessa parte do jardim plantas ou cores que o fazem lembrar de amor e romance? Essa área está cheia de ervas daninhas e coisas nada românticas, assim como um varal?

Escreva tudo o que lhe ocorrer para melhorar as áreas de seu interesse. Mas, por enquanto, não faça nada além de anotar. Pois antes você precisará colocar o quadrado mágico sobre as outras partes da propriedade. Por exemplo, você pode colocá-lo sobre todo o jardim dos fundos, ou talvez apenas sobre um grande canteiro de flores que existe no centro do gramado.

No próximo capítulo, aprenderemos a usar as direções da bússola para obter ainda mais informações. Portanto, tudo isso precisa ser levado em consideração antes de se fazer qualquer mudança.

Depois de ter colocado o quadrado mágico sobre a planta da propriedade – provavelmente de várias formas – e analisado os resultados, você terá muitas idéias sobre o que quer fazer no seu jardim.

Com isso em mente, saia de casa e olhe para ela da rua. Caminhe até a porta da frente, fazendo o mesmo percurso que as visitas fariam. Depois disso dê uma volta pelas laterais da casa e observe o resto da propriedade. Procure fazer isso da maneira mais imparcial possível, de forma que você consiga ver aquilo que um visitante veria. As várias partes do jardim formam um conjunto harmonioso? Existe alguma parte que parece estar em desacordo com as outras? Existe algum problema mais grave, como cabos de alta tensão que passem por cima do terreno ou um prédio vizinho que bloqueie a luz do sol?

Tome nota de todos os problemas que você observar. Mais uma vez, eu insisto para que não faça nenhuma mudança significativa a essa altura. Seria bom, no entanto, que você já fosse resolvendo alguns problemas de menor importância. Uma torneira gotejante, por exemplo, deve ser consertada assim que possível. Isso porque, no feng shui, a água simboliza dinheiro e, se uma torneira está pingando, isso significa que o seu dinheiro está escoando pelo ralo.

Essa é uma boa hora para fazer uma visita a uma loja de equipamentos de jardinagem. Faça perguntas sobre as plantas que você pretende comprar. Por exemplo, é uma total perda de tempo plantar na sombra um arbusto que precise de sol o dia inteiro. Você também precisa saber de que tamanho as plantas ficarão, de quanto em quanto tempo será preciso regá-las e se as suas folhas caem no inverno.

Feito isso, analise a propriedade novamente, de acordo com as direções da bússola. Você aprenderá a fazer isso no próximo capítulo.

Capítulo 5

As Direções da Bússola no Jardim

Já colocamos o quadrado mágico sobre o jardim, alinhando-o com a entrada principal da propriedade. Agora vamos dar um passo adiante, alinhando-o de acordo com as direções da bússola.

Originalmente, o quadrado mágico era um forma octogonal chamada ba-guá. Cada um dos oito lados indicava uma direção da bússola, e cada direção era relacionada com um dos trigramas do I Ching.

Os chineses inventaram a bússola cerca de 2.200 anos atrás. Até então, o feng shui tratava, principalmente, da geografia do terreno. Atualmente, por meio da bússola e da nossa data de nascimento, podemos personalizar o feng shui para nós. O sistema mais antigo do feng shui é conhecido como Escola da Forma. Como não é de surpreender, o sistema que usa a bússola é conhecido como Escola da Bússola.

Hoje em dia, a maioria dos praticantes de feng shui combina essas duas escolas para fazer suas avaliações. Cem anos atrás, isso causaria estranheza, pois os praticantes

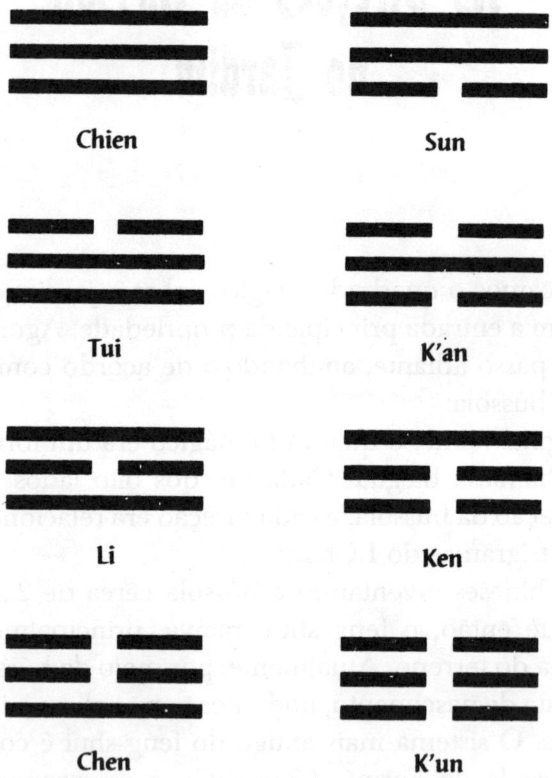

Figura 5A: Os oito trigramas

costumavam se especializar em uma das duas escolas, em vez de usar ambas.

A Escola da Bússola

O quadrado mágico que Fu Hsi descobriu no casco de uma tartaruga indica as oito direções da bússola, além do centro. A cada direção foi atribuído um dos oito trigramas do I Ching (Figura 5A). Os trigramas são compostos de todas as combinações possíveis de três linhas inteiras e partidas. As linhas inteiras representam a energia yang e as linhas partidas representam a energia yin.

Esses trigramas são posicionados no quadrado mágico numa ordem conhecida como Seqüência do Céu Posterior. Existem duas importantes combinações de trigramas. A Seqüência do Céu Anterior foi criada por Fu Hsi, e representa um universo perfeito. A Seqüência do Céu Posterior, criada pelo duque de Wen 3.000 anos atrás, aproximadamente, é uma combinação mais prática, que se adapta melhor ao mundo em que vivemos. Por isso, é essa a seqüência normalmente usada.

Os oito trigramas são colocados na seguinte posição: Li – sul; K'an – norte; Chen – leste; Tui – oeste; Sun – sudeste; K'un – sudoeste; Chien – noroeste; Ken – nordeste (Ver Figura 5B).

A Seqüência do Céu Posterior representa o ciclo de um ano inteiro:

Chen (O Incitar) está no leste e representa a primavera, com sua promessa de frescor e recomeço.

Sun (A Suavidade), no sudeste, representa o tempo em que os pequenos animais crescem.

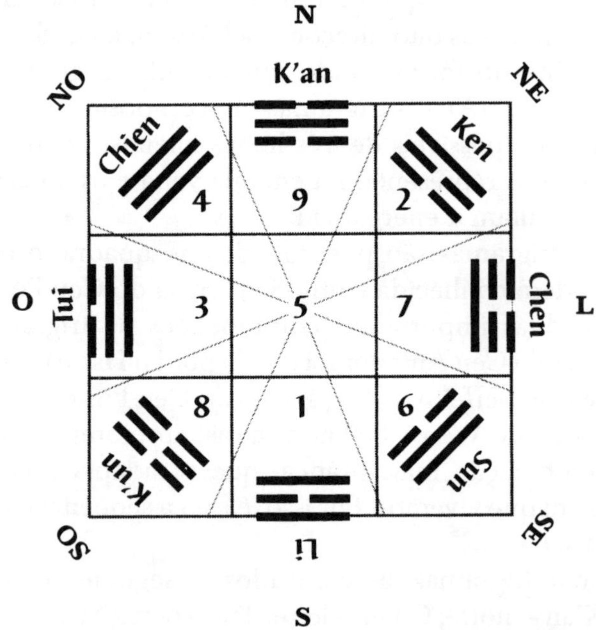

Figura 5B: O quadrado mágico de Fu Hsi, sobreposto às posições dos oito trigramas com relação às direções da bússola

Li (O Aderir) está no sul e representa o verão. Ele também mostra que a nova vida ainda não está pronta para deixar o lar ou o ninho.

K'un (O Receptivo) está no sudoeste e representa a boa nutrição e a vida que surge da terra.

Tui (A Alegria) está no oeste e simboliza o começo do outono. Trata-se de uma época feliz, embora já se tenha a consciência de que o inverno está chegando.

Chien (O Criativo) está no noroeste e representa o final do outono. Ele simboliza a resistência que logo será necessária, pois o inverno não tardará.

K'an (O Abismal) está no norte. Ele representa o inverno, e o trabalho árduo necessário para garantir a sobrevivência.

Finalmente, **Ken** (A Quietude), no nordeste, que representa o fim do inverno e o término de um ciclo, antes de o seguinte começar todo o processo novamente.

Chien

CHIEN — O Criativo

Símbolo: Céu
Palavra-chave: Força
Elemento: Céu
Estação: Final do outono
Direção: Noroeste
Cor: Malva

Chien é composto de três linhas inteiras e, portanto, representa a pura energia yang. Está associado à energia, determinação e perseverança. Chien associa-se ao chefe da família, geralmente o pai. Também está relacionado com resistência e força.

Convém ativar essa área do jardim sempre que algum morador da casa estiver iniciando algo novo.

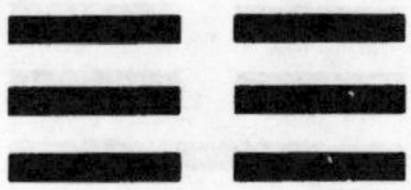

K'un

K'UN — O Receptivo

Símbolo:	a Terra
Palavra-chave:	Obediência
Elemento:	Terra
Estação:	Final do verão
Direção:	Sudoeste
Cor:	Cor-de-rosa

K'un é formado de três linhas partidas (yin) e representa a pura energia yin. Ele simboliza relacionamentos próximos, particularmente entre marido e mulher, embora também possa representar pai e filho ou senhor e criado. K'un associa-se principalmente à mãe.

Essa área do jardim pode ser ativada para incentivar a cooperação, evocar a paz e gerar contentamento.

Chen

CHEN — O Incitar

Símbolo:	Trovão
Palavra-chave:	Progresso
Elemento:	Madeira
Estação:	Começo da primavera
Direção:	Leste
Cor:	Verde

Chen é composto de duas linhas partidas (yin) sobre uma linha inteira (yang). Ele representa o filho mais velho. Chen está relacionado com o poder de decisão e com os imprevistos.

Essa parte do jardim pode ser ativada para aumentar a sabedoria e favorecer o aprendizado.

Sun

SUN — A Suavidade

Símbolo: Vento
Palavra-chave: Penetração
Elemento: Madeira
Estação: Final da primavera
Direção: Sudeste
Cor: Púrpura

Sun é formado de duas linhas inteiras (yang) sobre uma linha partida (yin). Esse trigrama representa a filha mais velha e está relacionado com a bondade inata, o intelecto desenvolvido e a força interior. Ele também pode estar associado à pureza e à plenitude.

Esta área pode ser ativada para aumentar a prosperidade dos moradores da casa.

K'an

K'AN — O Abismal

Símbolo: Água
Palavra-chave: Armadilha
Elemento: Água
Estação: Começo do inverno
Direção: Norte
Cor: Preto

K'an é composto de uma linha inteira (yang) entre duas partidas (yin). Representa o filho do meio e está relacionado com o trabalho árduo, o ímpeto e a ambição.

Esta parte do jardim pode ser ativada para inspirar felicidade e relacionamentos afetuosos.

Li

LI — O Aderir

Símbolo:	Fogo
Palavra-chave:	Magnificência
Elemento:	Fogo
Estação:	Começo do verão
Direção:	Sul
Cor:	Vermelho

Li é constituído de uma linha partida (yin) entre duas linhas inteiras (yang). Ele representa a filha do meio e está associado à beleza, ao riso, ao calor humano e à aridez. Também está relacionado com brilho e sucesso.

Essa parte do jardim pode ser ativada para melhorar a reputação e a posição social dos moradores da casa.

Ken

KEN — A Quietude

Símbolo: Montanha
Palavra-chave: Pausa
Elemento: Terra
Estação: Fim do inverno
Direção: Nordeste
Cor: Azul

Ken é formado de duas linhas partidas (yin) sob uma linha inteira (yang). Ele está relacionado ao filho mais novo e representa estabilidade, consolidação e espera paciente.

Essa parte do jardim pode ser ativada para aumentar os momentos de afeto com os filhos e com outros membros da família.

Tui

TUI — A Alegria

Símbolo:	Boca
Palavra-chave:	Alegria
Elemento:	Lago
Estação:	Começo do outono
Direção:	Oeste
Cor:	Branco

Tui é constituído de uma linha partida (yin) sobre duas inteiras (yang). Ele é associado à filha mais nova e representa felicidade, prazer e contentamento.

Essa parte do jardim pode ser ativada para estimular o prazer dos moradores da casa e o espírito de divertimento e brincadeira.

O Trigrama da sua Propriedade

Para determinar o trigrama da sua propriedade, vá até a calçada em frente à sua casa e veja em que direção a bússola aponta. Embora possa parecer estranho, essa não é a direção mais importante. A direção que determina o trigrama da propriedade é aquela para a qual se voltam *os fundos* da casa. Essa é a direção em que a casa "fica". Portanto:

A propriedade **Li** fica no sul e está voltada para o norte.

A propriedade **K'un** fica no sudoeste e está voltada para o nordeste.

A propriedade **Tui** fica no oeste e está voltada para o leste.

A propriedade **Chien** fica no noroeste e está voltada para o sudeste.

A propriedade **K'an** fica no norte e está voltada para o sul.

A propriedade **Ken** fica no nordeste e está voltada para o sudoeste.

A propriedade **Chen** fica no leste e está voltada para o oeste.

A propriedade **Sun** fica no sudeste e está voltada para o noroeste.

Você pode ativar a essência dos trigramas colocando nas diferentes seções plantas com as cores que correspondem a cada trigrama. Naturalmente, você não vai excluir todas as cores da área Li, por exemplo, com exceção do vermelho.

No entanto, acentuando essa cor, em meio a todas as outras, você pode usufruir dos benefícios do feng shui.

Você pode usar os trigramas junto com as Aspirações do Ba-guá (página 38) para fazer um ótimo jardim. Simplesmente, coloque as Aspirações sobre a planta da propriedade, assim como foi feito no capítulo 2. Mas, desta vez, inclua também os oito trigramas, alinhando Ken, K'an e Chien com a fachada da propriedade (Figura 5C). Você também pode fazer isso usando a planta do jardim, em vez de usar a da propriedade inteira.

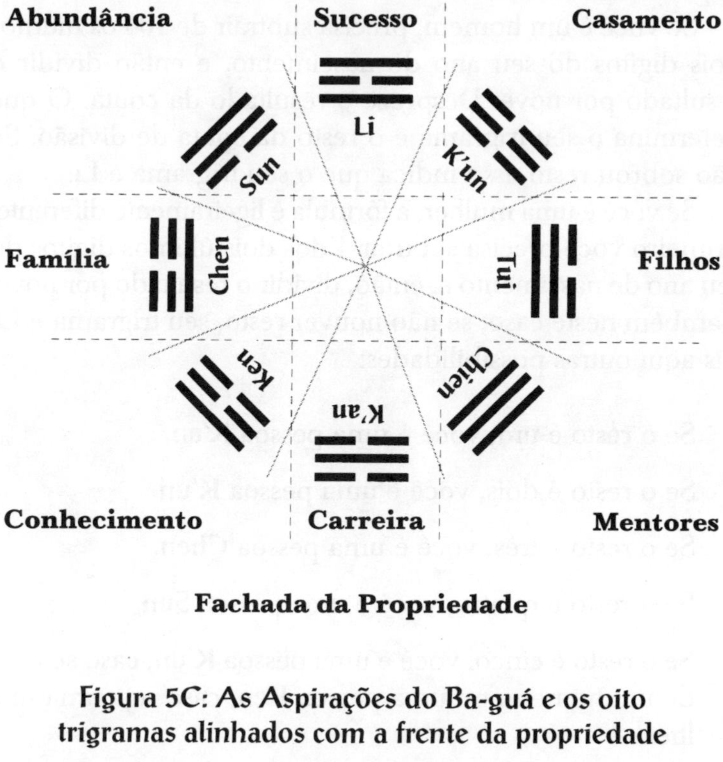

Figura 5C: As Aspirações do Ba-guá e os oito trigramas alinhados com a frente da propriedade

Lembre-se dos princípios do yin e yang para gerar harmonia e equilíbrio. Você pode optar por plantar flores yin (de cores frias) numa parte yang (ensolarada) do jardim. Da mesma forma, algumas flores yang (de cores vivas) podem ajudar a aumentar o ch'i numa parte yin (fria) do jardim.

Seu Trigrama Pessoal

Você também tem um trigrama pessoal, que se relaciona com você. A fórmula para descobrir qual é o seu trigrama depende do seu sexo.

Se você é um homem, precisa subtrair de 100 os últimos dois dígitos do seu ano de nascimento, e então dividir o resultado por nove. Despreze o resultado da conta. O que determina o seu trigrama é o resto da conta de divisão. Se não sobrou resto, isso indica que o seu trigrama é Li.

Se você é uma mulher, a fórmula é ligeiramente diferente. Primeiro você precisa subtrair 4 dos dois últimos dígitos do seu ano de nascimento e, então, dividir o resultado por nove. Também neste caso, se não houver resto, seu trigrama é Li. Eis aqui outras possibilidades:

Se o resto é um, você é uma pessoa **K'an**.

Se o resto é dois, você é uma pessoa **K'un**.

Se o resto é três, você é uma pessoa **Chen**.

Se o resto é quatro, você é uma pessoa **Sun**.

Se o resto é cinco, você é uma pessoa **K'un**, caso se trate de um homem, ou uma pessoa **Ken**, caso seja uma mulher.

Se o resto é seis, você é uma pessoa **Chien**.

Se o resto é sete, você é uma pessoa **Tui**.

Se o resto é oito, você é uma pessoa **Ken**.

Se não houver resto, você é uma pessoa **Li**.

As Quatro Casas do Leste e As Quatro Casas do Oeste

Os oito trigramas podem ser divididos em dois grupos. As Quatro Casas do Leste compreendem Li, K'an, Chen e Sun. As Quatro Casas do Oeste consistem em Chien, K'un, Ken e Tui.

É bem provável que você seja mais feliz numa propriedade que pertença ao mesmo trigrama que você. No entanto, você também teria uma vida satisfatória numa propriedade que pertence ao mesmo grupo que você. Por isso, se você é Li e sua casa é Chen, você se sentirá muito bem assim que entrar nela. Mas esse não seria o caso se você fosse Li e morasse numa propriedade Ken, pois esses trigramas pertencem a grupos diferentes.

É claro que algumas concessões terão que ser feitas, pois em geral várias pessoas moram na mesma casa. No passado, o trigrama do homem da casa era sempre considerado o mais importante. Nos dias de hoje, costuma-se levar em consideração o trigrama da pessoa que sustenta a casa, independentemente do sexo. No jardim, porém, devemos levar em conta o trigrama da pessoa responsável pela maior parte da manutenção do jardim. Os vários cômodos da casa podem ser arrumados de acordo com a pessoa que costuma usá-los mais freqüentemente.

Direções Favoráveis e Desfavoráveis

No feng shui, existem quatro direções favoráveis e quatro desfavoráveis. Essas direções são mais importantes dentro de casa do que no jardim, mas ainda assim é preciso considerá-las, ao se examinar o jardim como um todo.

Toda propriedade é dividida em oito seções determinadas pela bússola: norte, nordeste, leste, sudeste, sul, sudoeste, oeste e noroeste. Quatro dessas direções são favoráveis por natureza. No feng shui, são direções favoráveis a direção do *Apogeu*, da *Saúde*, da *Longevidade* e da *Prosperidade*. As outras quatro são negativas. No feng shui, elas são: a direção da *Morte*, do *Desastre*, dos *Seis Shars* e dos *Cinco Fantasmas*. Na casa Chen, por exemplo, leste, norte, sudeste e leste são consideradas direções favoráveis, enquanto oeste, sudoeste, nordeste, noroeste são consideradas desfavoráveis. A Figura 5D mostra essas direções favoráveis e desfavoráveis.

As Direções Favoráveis

Direção do Apogeu: Esta direção fica sempre nos fundos do jardim, e é sempre a direção em que o jardim está. Essa área também é conhecida como *Fu Wei*, que significa "vida boa". Por isso, essa parte do jardim é um excelente local para você relaxar e desligar-se dos problemas, longe do *stress* e das pressões do dia-a-dia. É também um bom lugar para uma banheira de pássaros, um pequeno lago ou um chafariz.

Direção da Saúde: Esta direção traz vitalidade, saúde e amigos verdadeiros. Flores de cores vivas nesta parte do jardim beneficiarão qualquer membro da família que não esteja se sentindo bem. (É melhor optar por flores que estejam relacionadas com o elemento que precede ao da pessoa doente. Isso porque elas ajudam a criar o elemento seguinte, e proporcionam energia e força ao enfermo.)

Direção da Longevidade: Esta direção promove paz, harmonia, saúde e espírito jovem. Se ativar esta área, isso ajudará a amenizar desentendimentos em família e outros problemas afins.

Direção da Prosperidade: Esta é a direção mais auspiciosa de todas. Na China, ela é chamada *Sheng Ch'i*, que significa "gerando bom ch'i". Quando ativada, esta direção pode promover progresso, sucesso financeiro, vitalidade e paz de espírito aos moradores da casa. Os asiáticos gostam de jogos de azar e costumam voltar-se para essa direção quando estão jogando, pois acreditam que assim terão mais sorte.

Direções Desfavoráveis

As direções desfavoráveis são mais importantes dentro de casa do que no jardim. No entanto, elas também serão apresentadas para que as informações fiquem completas.

As direções desfavoráveis indicam áreas apropriadas para depósitos de adubo, varais e depósitos de lixo. Não são as melhores áreas para receber visitas ou para fazer coisas que tragam algum tipo de perigo, como cortar madeira.

Direção da Morte: Esta direção é tradicionalmente considerada a pior de todas. Está relacionada com acidentes, doenças e outras desgraças. A palavra chinesa para ela é *Chueh Ming*, que significa "catástrofe total".

Direção do Desastre: Esta direção está relacionada com a raiva, as disputas, brigas e problemas legais. Não é uma boa idéia receber seus amigos nessa parte do jardim!

Direção dos Seis Shars: Esta direção está relacionada com procrastinação, perdas e escândalos.

Direção dos Cinco Fantasmas: Esta direção é associada ao fogo, a ladrões e a problemas financeiros.

Vale a pena você se voltar para uma das suas quatro direções favoráveis quando não estiver fazendo nada ou quando quiser causar uma boa impressão. Você pode, por exemplo, receber pessoas importantes no jardim. Nesse caso, você levaria vantagem se se sentasse numa cadeira voltada para uma das suas direções favoráveis.

Felizmente, é muito fácil determinar quais são as suas direções favoráveis. Se a sua propriedade pertence ao grupo das Quatro Casas do Leste, norte, sul, leste e sudeste são as suas direções favoráveis. Se a sua propriedade pertence às Quatro Casas do Oeste, oeste, sudoeste, nordeste e noroeste são as suas direções favoráveis.

Se quiser, você pode colocar plantas das cores certas para aumentar os benefícios de cada direção. Isso aumentará os efeitos das direções favoráveis e amenizará os aspectos negativos das outras direções. No próximo capítulo, trataremos em profundidade das cores e fragrâncias.

	Chien	K'un	Ken	Tui	Li	K'an	Chen	Sun
A propriedade fica no:	NO	SO	NE	O	S	N	L	SE
Apogeu	NO	SO	NE	O	S	N	L	SE
Saúde	NE	O	NO	SO	SE	L	N	S
Longevidade	SO	NO	O	NE	N	S	SE	L
Prosperidade	O	NE	SO	NO	L	SE	S	N
Morte	S	N	SE	L	NO	SO	O	NE
Desastre	SE	L	S	N	NE	O	SO	NO
Seis Shars	N	S	L	SE	SO	NO	NE	O
Cinco Fantasmas	L	SE	N	S	O	NE	NO	SO

Figura 5D: Direções favoráveis e desfavoráveis para cada trigrama

Capítulo 6

Cores e Fragrâncias

Conheço um lugar onde desabrocha o tomilho silvestre,
Onde crescem primaveras e violetas pendentes.
É coberto por um dossel de madressilvas perfumadas,
Doces rosas amarelas e almiscaradas.
Ali dorme Titânia uma parte da noite,
Embalada pelas flores, entre danças e prazer;

— William Shakespeare,
Sonho de uma Noite de Verão

As cores e os aromas são dois dos meios mais evidentes pelos quais as plantas realçam os ambientes. Esses dois fatores também podem ser usados com eficácia no feng shui, para solucionar problemas e ativar algumas áreas.

Os efeitos que as cores exercem sobre nós são fascinantes e estão sendo cada vez mais pesquisados pelos psicólogos behavioristas.[1] O vermelho, por exemplo, eleva a pressão sanguínea, enquanto o azul a faz baixar.[2] Os donos de lanchonete há tempos sabem que a cor laranja estimula o apetite e faz com que as pessoas comam mais rápido. Cores quentes geram excitação, enquanto cores frias inspiram sentimentos de serenidade e paz. As cores que preferimos usar influenciam o modo como os outros nos vêem.

As fragrâncias afetam as nossas emoções da mesma forma. Lembranças do passado são facilmente trazidas à tona por alguns aromas.

Podemos realçar qualquer parte do nosso jardim plantando flores cujas cores sejam apropriadas para essa área. As cores certas são determinadas pelas direções da bússola, com relação a cada parte do jardim. No capítulo anterior, foram apresentadas as cores básicas para cada direção. Trataremos delas novamente, agora em maiores detalhes.

A direção **Leste** relaciona-se com o trigrama Chen e com as cores marrom e verde. Esta parte do jardim está associada à saúde.

A direção **Sudeste** relaciona-se com o trigrama Sun e com as cores vermelha, verde, azul e púrpura. Esta parte do jardim está associada ao dinheiro e à prosperidade.

A direção **Sul** relaciona-se com o trigrama Li e com as cores vermelha e laranja. Esta parte do jardim está associada ao poder pessoal e à posição da pessoa na comunidade.

A direção **Sudoeste** relaciona-se com o trigrama K'un e com as cores rosa, vermelha e branca. Esta parte do jardim associa-se ao amor e ao casamento.

A direção **Oeste** relaciona-se com Tui e com as cores branca e prateada. Esta parte do jardim é associada aos filhos, aos animais de estimação e à criatividade.

A direção **Noroeste** relaciona-se com o trigrama Chien e com as cores branca, cinza, preta e malva. Esta parte do jardim é associada a viagens, mentores e a outras pessoas que possam ajudar você.

A direção **Norte** relaciona-se com o trigrama K'an e com as cores claras (como as da água), o azul e o preto. Esta parte do jardim associa-se à carreira.

A direção **Nordeste** relaciona-se com o trigrama Ken e com as cores verde, azul e preta. Esta parte do jardim está associada ao conhecimento e ao aprendizado.

O **centro** relaciona-se com as cores amarela e laranja. Esta parte do jardim associa-se à paz e à espiritualidade.

Essas direções estão associadas a cada um dos jardins que você tem. Por exemplo, você pode basear-se nelas ao avaliar a propriedade inteira ou então cada um dos canteiros de flores ou áreas do seu jardim. Se você tem um jardim secreto, pode usar essas direções para escolher as cores mais apropriadas para esse lugar de paz.

Você também pode melhorar qualquer aspecto da sua vida usando as cores que se relacionam com ele. Por exemplo, se você está pensando em se desenvolver espiritualmente, talvez seja bom plantar narcisos (ou qualquer outra flor amarela ou laranja) no centro do jardim. Da mesma forma, se quiser ganhar mais dinheiro, convém plantar flores vermelhas, verdes, azuis ou púrpuras na parte sudeste do jardim. Nesse caso, você também pode, se quiser, ativar a área da Carreira (norte) do jardim.

As Cinco Flores do Feng Shui

Tradicionalmente, existem cinco flores que são consideradas as mais importantes no feng shui, devido às bênçãos e benefícios que elas oferecem. Essas cinco flores são as peônias, os crisântemos, as magnólias brancas, as orquídeas e as flores-de-lótus (Figura 6A).

Peônia

A peônia, a mais importante das cinco flores, é uma flor nativa da Mongólia e da Sibéria. Ela representa riqueza e honra. Também simboliza o amor. Quando floresce, a peônia representa grande prosperidade. Na China, ela às vezes é conhecida como "a planta dos vinte dias", pois seus botões continuam frescos por quase três semanas. Acredita-se que a árvore da peônia viva mais de 120 anos.[3]

A peônia pode favorecer o relacionamento com seu parceiro, se você a plantar na parte sudoeste do jardim. Na China, quando há peônias dentro de casa, isso significa que na família existem filhas solteiras na idade de casar.

Crisântemo

O crisântemo é nativo da China e representa felicidade e riso. Eles em geral são encontrados nos lares chineses, pois são símbolo de conforto, felicidade e uma vida agradável. Eles também estão relacionados com a nobreza e a força de caráter.

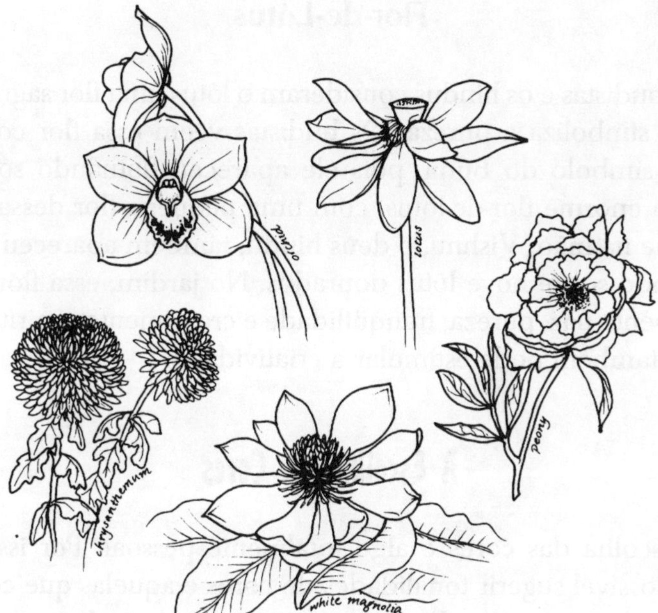

Figura 6A: As cinco flores mais importantes do feng shui, no sentido horário, de baixo para cima: magnólia branca, crisântemo, orquídea, flor-de-lótus e peônia.

Magnólia Branca e Orquídea

Essas duas flores representam o bom gosto e a feminilidade. Na China, a magnólia branca é considerada um símbolo da pureza e da verdade. A casca do tronco e os botões em flor são usados em remédios fitoterápicos.

Flor-de-Lótus

Os budistas e os hindus consideram o lótus uma flor sagrada que simboliza a pureza. Os budistas vêem essa flor como um símbolo do Buda, pois ele apareceu flutuando sobre uma enorme flor-de-lótus, com uma pequena flor dessa espécie na mão. Vishnu, o deus hindu, também apareceu flutuando sobre nove lótus dourados. No jardim, essa flor representa paz, pureza, tranqüilidade e crescimento espiritual. Ela também pode estimular a criatividade.

A Escolha das Cores

A escolha das cores é algo totalmente pessoal. Por isso é impossível sugerir tonalidades de cores e aquelas que combinam mais entre si. Eu estive, uma vez, num jardim em que havia um enorme leito de flores vermelhas, de todos os matizes imagináveis. De início achei estranhíssimo, mas logo me acostumei e passei a achar a combinação harmoniosa. A pessoa que me acompanhava, no entanto, achou esse um dos jardins mais feios que ela já vira.

O dono do jardim era um psiquiatra que criara o jardim justamente para ver a reação das pessoas. Ele descobriu que as pessoas sempre se chocavam ao ver o jardim pela primeira vez, mas depois de alguns minutos pelo menos metade das pessoas acostumava-se com ele, algumas passavam a adorá-lo, enquanto a outra metade nunca o encarava com bons olhos. Esse canteiro em particular ficava na área do Relacionamento do psiquiatra, mas eu não tive coragem de perguntar que efeito isso tinha sobre esse aspecto da vida dele.

Naturalmente, algumas cores combinam melhor do que outras, e todos nós procuramos fazer belas combinações de cores em nossos jardins. No entanto, as cores que, a meu ver, combinam entre si podem ser completamente diferentes das cores que, na sua opinião, harmonizam-se muito bem. É importante perceber que, na desregrada e incrível profusão de cores, tudo forma um todo homogêneo. É perda de tempo, portanto, discutir sobre as cores que combinam mais, afinal, não existem respostas corretas nesse caso.

Vermelho

O vermelho é a mais dramática das cores. Ele produz um efeito surpreendente no jardim. As flores vermelhas de um jardim geralmente são as primeiras que as pessoas notam. O vermelho pode elevar seu espírito e o seu moral. Se você estiver cansado ou letárgico, um breve período no jardim, contemplando flores vermelhas, aumentará sua energia.

Existe uma variedade enorme de flores vermelhas. Naturalmente, as rosas estão no topo da lista das flores mais populares, e existem certamente muitas delas para você escolher.

Sempre adorei as folhas recortadas e as flores vermelho ígneo do pelargônio (*gerânio*). Minha mulher prefere o toque aveludado do amor-perfeito, que pode ser encontrado em muitas cores além do vermelho. Outras das minhas favoritas são a knifófia (*Knifophia uvaria*), o brinco-de-princesa, o crisântemo e a papoula-oriental (*Papaver orientale*), com suas flores grandes e pendentes, em vermelho e preto e de textura sedosa.

É claro que, na hora de escolher as flores que você vai colocar no seu jardim, você precisa levar em consideração o local onde mora e o clima da região. Eu moro numa região de clima temperado, no nível do mar. Certamente as plantas que eu tenho no meu jardim não serão as mesmas que você irá plantar, se mora a cinco mil metros de altitude, num lugar onde as oscilações climáticas não favorecem o cultivo de certas plantas.

Cor-de-Rosa

O cor-de-rosa é a mais feminina das cores e está relacionada com as emoções. É uma cor suave, que nos acalenta, nos dá proteção e apoio. Não é de surpreender que ela seja considerada a cor do amor.

Minha mãe adorava as begônias e eu sempre me lembro da minha infância quando vejo essas flores de cor branca e rosa. O ciclame também tem diferentes tonalidades de rosa e branco. As cinerárias têm uma grande variedade de cores, inclusive um rosa delicado. A dália é uma belíssima flor arredondada, que tem um caule longo e ereto. Essas flores também são encontradas em várias cores, mas a de cor rosa é de longe a minha favorita. O flox, a tulipa, o amarílis e a peônia também são flores que representam paz e tranqüilidade para mim.

Laranja

O laranja é uma cor quente, radiante, que dá energia e inspira sentimentos positivos.

Os girassóis e a camomila olho-de-boi (*Anthemis tinctoria*) são duas das flores de cor laranja de que eu mais gosto. Os girassóis são grandes, enquanto as camomilas são pequenas, parecidas com a margarida. Ambas, no entanto, têm um miolo cheio de pólen, que eu acho muito bonito. As primaveras-dos-jardins são encontradas em cores variadíssimas, inclusive num vibrante laranja. O goivo é encontrado nas cores laranja, amarela e vermelha. Essas flores iluminam o jardim. A papoula-da-califórnia pode chegar quase à cor bronze, mas é mais comum nas cores laranja, amarela e marfim.

Amarelo

Na China imperial, o amarelo era considerado uma cor sagrada que só o imperador podia usar.[4] Os egípcios e os maias relacionavam o amarelo com o sol e reverenciavam o poder desse astro de sustentar a vida. As flores amarelas podem levantar e apoiar você quando seu ânimo está baixo. O amarelo sempre inspira sentimentos positivos, disposição e entusiasmo. As flores amarelas também podem aguçar seus processos mentais e sua habilidade para se comunicar.

Uma das flores amarelas mais estranhas que eu já vi foi o cipripédio, uma espécie de orquídea silvestre cujo nome científico é *Cypripedium calceolus*. Sua flor em forma de bolsa lembra um chinelo ou um berço. Meu falecido avô cultivou orquídeas por muitos anos e era justamente essa orquídea que mais o encantava.

A cebola amarela crescia espontaneamente no meu bairro quando eu era criança e ela sempre me traz de volta lembranças felizes. Os narcisos são provavelmente as flores amarelas de que eu mais gosto, embora seja muito difícil encontrá-los.

Um jovem que eu conheço foi promovido ao cargo de vendedor de uma empresa para a qual ele trabalhava. Ele era um rapaz quieto, tímido, e estava preocupado com sua dificuldade para se comunicar com os clientes. Sugeri que ele plantasse narcisos na área da Carreira do seu jardim. Essas flores, junto com a determinação que ele tinha, fizeram com que ele fosse muito bem-sucedido em seu novo cargo.

Verde

O verde é uma cor acariciante, protetora e terapêutica. Ela está no centro do espectro de cores e inspira sentimentos de paz e harmonia. Naturalmente, nós teremos sempre muito verde no nosso jardim, no entanto, também podemos plantar algumas plantas com flores verdes.

A alquemila (*Alchemilia mollis*) dá uma profusão de pequenas flores verde-abacate. A *Molucella laevis* têm um espigão cheio de flores em forma de sino. Os heléboros-fétidos (*Helleborus foetidus*) também têm flores verdes em forma de um lindo sino arredondado, e estames brancos que representam os badalos. A hera (*Hedera helix*), trepadeira muito comum, também é um alegre espetáculo. Ela tem florzinhas verdes que se agrupam para atrair as abelhas.

Azul

O azul estimula a criatividade. Ele também é relacionado com a esperança, a confiança e o otimismo. Quando você precisa de uma solução para um difícil problema, pode ser muito benéfico passar algum tempo na presença da cor azul.

A pervinca (*Vinca major*), com suas flores azuis-malva, de pétalas com extremidades angulosas, é um bom exemplo de flor azul. O morrião-azul (*Anagalis linifolia*), a lobélia (*Lobelia tenuior*) e a uva-jacinto (*Muscari neglectum*) também são ótimos exemplos.

Quando eu era criança, minha mãe tinha uma fileira de lírios Agapanthus (*Agapanthus campanulatus*) na frente de casa. O azul ligeiramente desbotado dessas flores contrastava lindamente com suas folhas longas e brilhantes.

Duas das minhas plantas favoritas têm flores maravilhosas da cor azul-celeste. São os delfínios azuis e as papoulas-do-himalaia (*Meconopsis betonicifolia*).

Violeta

O violeta é a cor do pensamento, da espiritualidade e da tranqüilidade. Ele também está relacionado com a intuição, a reflexão e a preocupação com os outros. Sem dúvida, a flor violeta mais conhecida é a doce violeta-africana.

Na antiga Grécia, a violeta simbolizava o poder de Atenas. Nos tempos medievais, os botões dessa flor eram usados para adoçar os alimentos, antes que o açúcar surgisse no mercado. As violetas também eram usadas como desodorizante. Na época vitoriana, os vendedores ambulantes ofereciam violetas para os passantes.[5] É estranho que, depois da Primeira Guerra, as lindas violetas que nasciam nas ruas fossem negligenciadas.

Existem muitas flores violetas, malvas, púrpuras e lilases. A primeira vez em que fiquei na casa de amigos em Wiltshire, na Inglaterra, eu não conseguia parar de admirar o jardim que tinham na frente da casa. Ele era cheio de gravatás (*Eryngium oliverianum*). Os botões dessa planta, em forma de pom-pom, eram como almofadas de alfinete pousadas sobre estrelas púrpuras. Infelizmente, nunca me dei muito bem ao tentar cultivá-las no meu jardim.

Outros bons exemplos de flores púrpuras são a baunília-do-peru (*Heliotropium peruvianum*), o pelargônio (*Pelargonium peltatum*), a prímula-da-virgínia (*Mertensia virginica*) e alguns matizes de petúnia (que pode ser encontrada em todas as cores imagináveis).

Branco

O branco em geral é considerado a cor da pureza e da inocência. Está também relacionado com a iluminação espiritual, a inspiração, a espiritualidade e com o amor. Eu, particularmente, gosto da aparência de paz e serenidade das flores brancas, ao crepúsculo e no começo da noite.

Não é de surpreender que as flores brancas sejam tão populares. Existem muitas delas, mas a minha favorita é a rosa *floribunda*, conhecida como "iceberg".

Você já percebeu a sensação de paz e de tranqüilidade que se tem ao atravessar um jardim repleto de estrelas-de-jerusalém (*Cerastium tomentosum*)? Elas são pequenas plantas herbáceas cujas numerosas flores parecem cobri-las inteiramente.

A campânula-branca (*Gelanthus rivalis*) tem flores que parecem minúsculas bailarinas dançando ao vento. O lírio-do-vale tem lindas flores com a aparência de sininhos redondos. O pelargônio tem uma grande quantidade de flores que, agrupadas, formam um grande buquê redondo de um branco puro e perfeito. Todas essas flores são minhas favoritas, mas há milhares de outras flores brancas à sua disposição.

Algumas pessoas que praticam jardinagem usam uma escala de cores para escolher cores contrastantes que se harmonizem entre si. Eu prefiro seguir meus próprios sentimentos para definir a combinação certa. Pode ser muito divertido fazer uma seleção de cores e, contanto que você fique satisfeito com o resultado final, não há com o que se preocupar.

Todos nós temos que levar em conta o equilíbrio entre cores vivas e cores pastéis. As cores vibrantes (vermelho, branco, amarelo e alguns tons de azul) excitam os sentidos e tendem a dominar o jardim, por isso podem facilmente ofuscar as cores mais sutis. Por causa disso, precisam ser usadas com cuidado.

No final das contas, tudo é uma questão de gosto pessoal. É por isso que os jardins revelam com tanta clareza a personalidade de seus donos. Procure criar um equilíbrio harmonioso no seu jardim, mas não tenha medo de experimentar cores diferentes.

A Escolha das Fragrâncias

Um dos aspectos mais prazerosos de se estar num jardim é a variedade de aromas delicados que podemos sentir. Eu me lembro de quando levei, ainda na adolescência, uma senhora cega ao jardim botânico. Ela me superou de longe, identificando a maior parte das plantas só pelo perfume.

Você já reparou como uma fragrância pode trazer à tona, instantaneamente, lembranças há muito esquecidas? Recentemente, o aroma de gerânios perfumados levaram-me de volta à época em que eu estava na pré-escola. Esse tipo de gerânio só exala perfume quando entra em contato com alguma coisa. Tenho vergonha de confessar que eu e outras crianças uma vez destruímos todos os gerânios só para sentir-lhes o perfume.[6] As madressilvas sempre me fazem lembrar dos verões preguiçosos que passei na praia. As rosas trazem de volta muitas lembranças, algumas felizes, outras não.

Quando aprendi sobre Napoleão, no colegial, nossa professora trouxe para a aula um buquê de violetas. A história de amor de Napoleão e Josefina sempre me vem à mente em detalhes quando sinto o perfume de violetas. Antigamente, as pessoas gostavam das violetas por sua cor, aroma e até pelo seu gosto. Costumava-se fazer vinho com essa flor, e mesmo hoje é possível encontrar marmelada e chá de violeta. O profeta Maomé descreveu o inesquecível perfume das violetas quando disse:

> *...assim como minha religião está acima de todas as outras, a excelência do aroma das violetas está acima de todos os outros. Ele é cálido no inverno e fresco no verão.*[7]

Os aromas se originam de um óleo essencial produzido no cerne das flores de plantas aromáticas. Nas ervas, esse óleo essencial é produzido nas folhas. A estrutura química do óleo essencial, conhecido como atar, é comparativamente simples no caso das ervas, mas é extremamente complexo em outras plantas, com cada espécie tendo sua própria fórmula complexa.

As plantas aromáticas podem ser colocadas em qualquer lugar, porém o melhor é colocá-las num local abrigado, onde seu aroma não seja levado pelo vento. Um gazebo, um caramanchão ou um muro podem ficar muito mais bonitos caso acrescentemos uma trepadeira de perfume agradável. As madressilvas, as clematites e os jasmins são bons exemplos de trepadeiras fragrantes. Existem também muitas espécies de rosas que são trepadeiras.

Existem até mesmo gramíneas que exalam perfume quando andamos sobre elas. Um bom exemplo é a camomila, que fica particularmente perfumada depois da chuva. A hortelã-pimenta e a hortelã-verde também compõem gramados deliciosamente fragrantes. A zínia rasteira também é uma ótima cobertura para o solo, além de se espalhar rapidamente. Ela dá uma profusão de flores amarelas e um perfume maravilhoso. As gramíneas perfumadas farão com que seus amigos também soltem exclamações de prazer. Nunca pude esquecer a excitação em que fiquei quando, muitos anos atrás, atravessei sem querer um gramado de tomilho no castelo Sissinghurst, em Kent, na Inglaterra.

Arbustos de perfume adocicado podem ser colocados em áreas de descanso ao ar livre ou em pátios descobertos para tornar o ambiente mais agradável. A camomila, o tomilho e diferentes variedades de hortelã podem ser muito úteis nesse caso. Várias plantas são mais fragrantes à noite, por isso, você vai gostar de ter algumas delas no portão da frente, para saudá-lo quando você voltar para casa depois do trabalho. Meus pais plantaram uma flor-da-noite na parte do jardim que ficava perto da janela do quarto deles. Esse ainda é o aroma favorito que eu guardo da infância. As prímulas noturnas e os floxes são outros exemplos de flores que exalam perfume à noite.

É uma boa idéia plantar arbustos perfumados no inverno. Isso faz com que você sinta prazer em ficar no jardim o ano inteiro. Existem variedades de madressilva, *Cimomanthus praecox*, dafnes e *Viburnum* que florescem nos meses de inverno. A *Mahonia japonica* é uma flor que embeleza o jardim o ano inteiro e produz guirlandas de flores amarelas perfumadas, desde o fim do outono até o começo da primavera.

Milhares de anos atrás, os homens primitivos queriam levar o aroma do jardim para dentro de casa. Arqueologistas encontraram jarros de perfume com quatro mil anos de idade, nas tumbas do Egito antigo. Esse fato é até mais marcante se considerarmos como é difícil fazer perfumes de flores, até nos dias de hoje. A fabricação de perfumes também já era conhecida pelos antigos chineses, indianos, israelitas, cartagineses, gregos e romanos.[8]

Felizmente, é muito fácil levar o perfume do jardim para dentro de casa usando uma variedade de flores frescas recém-cortadas, arranjos perfumados, ramos de flores desidratadas e travesseiros de ervas.

É bem provável que as rosas sejam tão famosas muito mais pelo perfume que exalam do que pelas suas cores, sua aparência ou pelas associações que se faz entre essas flores e o romance. As rosas eram adoradas nas antigas civilizações persa, grega e romana, e desde então já inspiravam escritores como William Shakespeare. De modo geral, as rosas antigas são as que proporcionam o mais rico perfume. Vales inteiros de rosa Kazanlik (*Rosa trigintipetala*) foram cultivadas na Pérsia, para a produção de perfume de rosas.[9] A mais famosa e perfumada rosa da atualidade é a American Beauty, que lamentavelmente já não é tão encontrada como antes. "Diamond Jim" Brady presenteou Lillian Russell com enormes buquês dessa rosa, para expressar sua devoção por ela.[10]

As rosas mais perfumadas são as variedades gallica, damascena, moscada, bourbon e brava, cada uma delas com muitas espécies à sua escolha.

Existem incontáveis flores perfumadas. Baunilhas-do-peru, madressilvas, jasmins, junquilhos, lilases, lírios-do-vale, pelargônios, peônias e violetas são todos ótimos exemplos, e têm a vantagem de crescer em praticamente qualquer lugar.

Os romanos foram os primeiros a usar perfume para induzir o sono, colocando pétalas de rosa secas nos travesseiros. A rainha Elizabeth I tinha um colchão recheado com aspérulas (*Galium odorata*). Geoge III não conseguia dormir sem seu travesseiro de lúpulo.[11] As senhoras da época vitoriana usavam acolchoados de lavanda para evitar melancolia, na época chamada "vapours". Há muito acredita-se que os travesseiros de menta curam dor de cabeça. Um amigo meu usa um travesseiro recheado com folhas de pinheiro sempre que está com o nariz entupido.

A lavanda (ou alfazema) foi levada para a Grã-Bretanha pelos antigos romanos, que a usavam para perfumar a água do banho. O nome "lavanda" vem da palavra latina *lavo,* que significa "eu lavo". Ela hoje é popular provavelmente porque, quando seca, conserva a fragrância por muito mais tempo que qualquer outra erva. A propósito, a lavanda e as rosas combinam muito bem.

As ervas podem aumentar enormemente o potencial do seu jardim. Entre as ervas aromáticas estão a verbena odorífera, a menta, o poejo e o alecrim. Elas não só exalam aroma como também dão sabor aos alimentos, compõem remédios fitoterápicos e são muito bonitas. As ervas podem ser usadas para imprimir uma suave fragrância às roupas, inclusive as de cama.[12] O canteiro de ervas pode ficar em qualquer lugar da propriedade, mas o setor da Família é geralmente considerado o melhor, pois essa área está relacionada com a saúde. No capítulo 8, trataremos dos jardins de ervas com mais detalhes.

Nos séculos passados, as donas de casa faziam seus próprios buquês de flores desidratadas para ajudar a dissipar o cheiro dos corpos suados e o resultante da falta de instalações sanitárias. Nos dias de hoje, a maioria das pessoas compra buquês de flores, mas é muito fácil fazer um lindo presente personalizado para dar aos amigos. Lembre-se de que a lavanda, o cravo e a rosa são as únicas flores que conservam o perfume depois de desidratadas. Outras flores, como a centáurea, o delfínio e o cravo-de-defunto são usados em arranjos de flores desidratadas devido à cor atraente. Óleos e temperos à base de flores às vezes são acrescentados para acentuar o perfume.

Esses arranjos são muito benéficos, do ponto de vista do feng shui, pois os deliciosos aromas criam ch'i e servem como solução para eventuais problemas. No entanto, eles são feitos de flores desidratadas, o que é considerado negativo. Afinal de contas, feng shui significa "vento e água", e toda a água foi removida das flores desidratadas. Por isso alguns praticantes de feng shui são contra o uso desses arranjos. Isso é compreensível, embora eu ache que o perfume e os benefícios que eles proporcionam superam em muito seus aspectos negativos.

Nos séculos passados, as mulheres da nobreza não saíam de casa sem um pequeno ramalhete de flores perfumadas, chamado Tussie Mussie (Figura 6B). Elas acreditavam que ele as protegia de doenças, assim como deixavam um agradável perfume nas ruas. Esses ramalhetes consistiam em pequenos buquês de flores, escolhidas pela cor e pelo perfume. O termo "Tussie Mussie" data de pelo menos 1440 e certamente seria tão conhecido hoje como na época, caso as condições sanitárias das cidades não tivessem melhorado tanto nos últimos duzentos anos.[13] Na época vitoriana, as flores usadas nos Tussie Mussies serviam para transmitir mensagens secretas. Isso ficou tão popular que muitos livros foram escritos para descrever o significado das flores. Um desses livros mais conhecidos era *The Illuminated Language of Flowers,* de Kate Greenaway, que ainda pode ser encontrado em algumas livrarias.[14]

Figura 6B: Tussie Mussie

É muito fácil fazer um Tussie Mussie. Escolha um punhado de flores perfumadas e algumas folhagens. Rosa em miniatura, lavanda, tomilho, manjerona, amor-perfeito, ervilha-de-cheiro, verbena odorífera, camomila e madressilva são todas elas flores que eu uso para fazer Tussie Mussies. Corte os caules no tamanho apropriado e coloque todas num vaso por duas ou três horas. Depois disso, você pode fazer um buquê começando do centro. Amarre as flores frouxamente usando ráfia, lã, barbante ou um fio de linha. Será mais fácil fazer isso se você girar o buquê na mão à medida que vai adicionando as flores. Quando o ramalhete estiver no tamanho ideal, dê o acabamento colocando folhagens perfumadas em volta dele. Se quiser, pode arrematar com um laço ou com uma fita.

Os Tussie Mussies são uma lembrança de bom gosto, diferentes e encantadoras. Você também pode colocá-los em diferentes partes da casa para proporcionar mais cor e perfume ao ambiente.

Também é possível plantar flores perfumadas em qualquer lugar do jardim. As rosas, por exemplo, podem melhorar seu relacionamento, se semeadas na área do Casamento. Escolha as cores com cuidado. As flores cor-de-rosa representam um amor mais romântico, idealizado, do que as vermelhas, que são ardentes e passionais. Quanto mais perfumadas, melhor.

Dentro de casa, você pode colocar onde quiser flores perfumadas recém-colhidas. Vasos de plantas também lhe dão a oportunidade de sentir o aroma das flores. Um dos meus maiores prazeres é deliciar-me com o aroma adocicado das folhas do pelargônio, nas frias noites de inverno.

Se tiver uma lareira, você pode queimar galhos de macieira e de cerejeira. Tenho uma parente idosa que costumava juntar ramos de lavanda e de alecrim durante o verão para queimá-los no fogo nos meses de inverno. Ela me disse que, na infância, o pai levava um braseiro onde queimava alecrim e lavanda em todos os cômodos da casa para purificar o ar.

Acima de tudo, use a intuição para decidir que cores e perfumes você gostaria de ter no seu jardim. É claro que você vai ter de usar as plantas que se adaptem às condições geográficas do lugar em que você mora e à quantidade de sol e de sombra da propriedade. Minha mulher e eu adoramos visitar as lojas de jardinagem e quase sempre somos atraídos por uma determinada planta por causa da sua cor ou perfume. Se achamos que ela combina com o nosso jardim, nós a compramos, pois aprendemos que, se confiarmos na intuição, raramente cometeremos erros.

Capítulo 7

O Jardim Secreto

Considerai como crescem os lírios do campo: eles não trabalham, nem fiam.

– Evangelho de São Mateus 6:28,
O Sermão da Montanha

O jardim secreto é um lugar calmo, razoavelmente reservado, do seu jardim, onde você pode relaxar e esquecer por alguns momentos os problemas do mundo. O ideal seria que ele fosse um local onde você não fosse perturbado. Ele é como um retiro, em que você pode comungar com a natureza e refazer a alma.

Em geral, o jardim secreto é protegido dos ventos frios e dos curiosos por cercas, sebes ou pela lateral da casa. Um jardim protegido dessa forma quase sempre pode ser composto de uma variedade maior de plantas do que um jardim mais aberto. E, para muitas pessoas, essa é a maior vantagem desse tipo de jardim.

Do ponto de vista do feng shui, são muitas as vantagens do jardim secreto. Como ele fica protegido dos ventos frios, as condições são melhores para qualquer tipo de planta. A ausência de vento também faz com que o lugar seja mais agradável para sentar e relaxar. Não há problemas como a erosão do solo ou os danos provocados pelo vento. As plantas perfumadas são as melhores nesse caso, pois o perfume permanece no ambiente. Você pode criar um bonito equilíbrio entre áreas de luz e sombra (yang e yin). Muitas vezes, isso é só uma questão de colocar um pequeno chafariz ou laguinho no jardim. Isso cria e estimula a energia ch'i e faz com que o jardim fique mais agradável e convidativo. Também é mais fácil sobrepor um quadrado mágico à planta de um jardim secreto como esse. Dessa forma você pode criar um jardim mais perfeito, do ponto de vista do feng shui, e ativar as áreas da sua vida às quais você queira dar mais ênfase.

Uma Breve História dos Jardins Secretos

Os jardins fechados, populares há milhares de anos, foram projetados para proteger e abrigar *pessoas*, muito mais do que plantas.

Os pátios internos tornaram-se populares na Grécia e nos tempos romanos e continuam sendo, nas regiões de clima quente. Na Idade Média, castelos murados eram comuns e proporcionavam proteção e defesa às pessoas. Entre esses muros havia jardins onde eram cultivados alimentos e ervas medicinais. Posteriormente, surgiram as cidades muradas, que davam proteção e segurança aos habitantes.

Os mosteiros geralmente eram cercados de muros altos, não tanto para proteger os monges de invasores, mas para dar privacidade e proteção com relação ao mundo exterior.

Os monges procuravam ser o mais auto-suficientes possível e cultivavam grandes hortas, canteiros de ervas e parreiras.

No século XVI, os jardins secretos que ficavam dentro de jardins maiores eram muito comuns.[1] Em meados do século XVIII, as pessoas começaram a derrubar os muros para que seus jardins pudessem se fundir com os campos das redondezas.[2] No entanto, os muros nunca chegaram a desaparecer, pois eles protegiam os moradores da casa dos animais do campo.

No século XIX, os jardins fechados reapareceram quando a classe média, cada vez maior, começou a fazer questão de ter, ao redor de casa, uma pequena porção de terra que os isolasse do dia-a-dia agitado do mundo lá fora.

Características do Jardim Secreto

A variedade de materiais que podem ser usados para cercar o jardim secreto aumentou muito ao longo dos anos. No entanto, nós ainda usamos uma combinação de muros, treliças, cercas, sebes e outras plantas altas, como os romanos faziam.

O jardim secreto divide a propriedade em duas e isso é o que o faz ainda mais interessante. Lamentavelmente, jardins sem graça e pouco criativos podem ser encontrados em qualquer lugar. Uma forma simples de corrigir esse problema é criar uma atmosfera de mistério. O jardim secreto, pela sua própria natureza, tem essa atmosfera. Ele divide o jardim em duas áreas diferentes e muitas vezes também oferece uma vista rápida e instigante do que há por trás do muro ou da sebe.

Tamanho

Até o menor dos jardins pode conter uma área particular, secreta. Uma amiga minha tem um jardim secreto de apenas dois metros quadrados. Como o jardim dos fundos da casa dela só tem três vezes esse tamanho, ela fez um muro baixo de tijolos para separá-lo em duas partes. Assim, o jardim inteiro pode ser visto de dentro da casa e de qualquer lugar do jardim. Isso significa que seu jardim "secreto" não é de fato secreto. No entanto, como ela mora sozinha, na prática ninguém pode vê-la quando ela está na parte secreta do jardim.

Localização

Os jardins secretos ficam normalmente escondidos em algum lugar do jardim dos fundos da casa. Mas, na verdade, eles podem ficar em qualquer lugar. Um amigo meu tem um jardim secreto magnífico em sua casa, na França. Ele fica no telhado da casa e é protegido das correntes de vento por treliças, que também garantem privacidade. As treliças são cobertas por rosas trepadeiras. É um dos lugares mais repousantes em que eu já estive.

Um Lugar de Repouso

Um conhecido meu tem dois carvalhos enormes no jardim, e são eles que marcam as fronteiras do seu jardim secreto. Sempre que está tenso ou nervoso, ele se deita na grama entre essas duas árvores e deixa que toda tensão vá embora.

– Eu me sinto completamente diferente depois que levanto dali – diz ele. – Não sei o que é, mas aquelas árvores me fazem recuperar a energia de uma forma muito estranha.

Uma vez, quando estava sofrendo muita pressão no trabalho, ele pegou no sono entre os dois carvalhos e teve a impressão de que eles o ajudaram a se acalmar, a ficar relaxado e a sentir que a situação estava sob controle. Eu nunca tentei dormir embaixo de uma árvore, mas posso atestar os benefícios de abraçar uma delas.[3]

Todos precisamos de um lugar para relaxar e esquecer nossos problemas. Um jardinzinho particular é o lugar ideal para se fazer isso, pois ali podemos comungar com a natureza, usufruir o ar puro e nos refazer.

Inovação

O interessante é que podemos desfrutar de um jardim secreto mesmo quando moramos num apartamento. Conheço uma jovem que mora na cidade e costuma ir sempre a um lugar razoavelmente reservado de um parque das vizinhanças. Embora ela não cultive plantas ou pratique jardinagem ali, ela ainda assim cuida do seu jardim secreto arrancando as ervas daninhas e recolhendo o lixo quando preciso. Segundo essa moça, a vida na cidade seria insuportável se ela não tivesse acesso a esse lugar. Em muitos aspectos ela está seguindo a antiga tradição celta de cuidar da área ao redor da árvore que serve como oráculo pessoal.[4]

Outro morador de apartamento contou-me que ele adora ficar sentado no chão da sua quitinete, cercado de vasos de plantas.

— É claro que eu sei que estou sentado num tapete — ele comentou. — Mas mesmo assim é repousante e tranqüilo. Falo com as minhas plantas e elas realmente respondem.

O Melhor Estilo é o Seu

Na última casa em que morei, minha mulher e eu tínhamos um jardim totalmente secreto, que ninguém mais podia ver. Na casa em que moramos atualmente, nosso jardim secreto é razoavelmente reservado, embora nada impeça que nossos vizinhos o espiem através da cerca. A coisa mais importante, porém, não é se o jardim é reservado ou não, mas se você se sente protegido e seguro quando está dentro dele.

Tenho amigos que têm uma estufa junto à casa onde moram, e é esse lugar que lhes serve de jardim secreto. Como ali está sempre quente, eles podem cultivar plantas tropicais que lhes dão ainda mais prazer e faz com que seu jardim secreto seja exótico e misterioso.

Obviamente, o jardim secreto perfeito deveria ser rodeado de belos muros que protegessem um belo canteiro repleto de nossas plantas favoritas. Deveria haver um caminho agradável e sinuoso, por entre uma alameda de árvores, que levasse até a entrada. Também poderia haver um lago natural no centro, e o jardim todo seria um refúgio para pássaros canoros, para borboletas e pessoas que procurassem livrar-se do *stress* e das tensões da vida diária.

Mas, na prática, minha mulher e eu temos um jardim secreto muito mais simples do que esse. Parte dele é composto de um imenso deque. Temos uma grande variedade de vasos e de tinas com plantas. Isso faz com que possamos mudar a posição deles para que fiquem no sol à medida que as estações vão mudando. Nós também temos um sino tibetano ali, que produz sons agradáveis e nos lembra que o ch'i está fluindo pelo jardim. Do deque, podemos ir, por uma pequena rampa, até uma área totalmente reservada, onde minha mulher tem uma grande quantidade das plantas de que ela mais gosta.

Como esse jardim fica protegido das correntes de vento, podemos cultivar plantas que não sobreviveriam em outros lugares da casa. Escolhemos plantas com folhagem abundante para aumentar a sensação de reclusão e de privacidade. Ainda não temos um lago nesse jardim, mas esse é o nosso principal projeto para o futuro.

Nosso jardim secreto é um agradável lugar que fica junto à nossa casa, mas mesmo assim é completamente reservado. No verão, nosso jardim secreto torna-se um cômodo extra, onde eu e minha mulher passamos horas conversando e aproveitando as longas noites de verão. No inverno, ele é tão bonito quanto no verão, e tem uma temperatura bem mais amena do que no resto do jardim. Por isso, se o tempo está bom, podemos usá-lo o ano inteiro.

Existem inúmeras coisas que podemos fazer num jardim secreto. Podemos colocar ali estátuas, anões-de-jardim, chafarizes ou outro objeto que chame a atenção. Nós temos uma bela cerejeira num vaso, que atrai o olhar de todos que entram nessa parte retirada do nosso jardim secreto. Não tenha muitas coisas que chamem a atenção. A maior parte dos jardins de tamanho médio só comportam um ponto focal. Do contrário, o jardim pode parecer abarrotado de coisas. Seria difícil relaxar num lugar assim.

O jardim secreto também é o lugar perfeito para um gazebo, uma pérgola ou um caramanchão. Essas coisas podem, na verdade, ser o ponto central do jardim.

Desenho Simples

É melhor fazer com que o jardim fique relativamente simples. O propósito do seu jardim secreto é ser um lugar de descanso e relaxamento. Você não vai querer passar todo o seu tempo livre cuidando do lugar. Madressilvas, lavandas, primaveras, rosas e ervas aromáticas são exemplos de plantas apropriadas para um jardim secreto, pois não requerem muitos cuidados. Incorpore ao jardim árvores e arbustos que já estavam ali antes. Eles podem proporcionar sombra, além de aumentar a privacidade do lugar.

Escolha cores que ativem os aspectos da sua vida que você quer enfatizar. Plante essas flores nas áreas corretas do jardim secreto, baseando-se ou nas direções da bússola ou nas Aspirações do Ba-guá.

Preste atenção especial às plantas que você cultiva com o objetivo de ativar certas áreas da sua vida.

Nós nos tornamos o que pensamos e se você plantar, por exemplo, rosas cor-de-rosa no setor do Relacionamento, você atrairá amor e romance para a sua vida. Isso ocorrerá quer você pense ou não sobre isso, pois as rosas cor-de-rosa funcionam como uma espécie de afirmação silenciosa que gera um certo padrão de pensamentos na sua mente.

Lance mão dos princípios yin e yang incorporando áreas de luz e sombra e uma mistura de plantas baixas e altas. Incorpore o seu elemento pessoal no projeto do jardim.

O jardim secreto pode ajudá-lo a conseguir qualquer coisa que você queira. Trate-o com respeito, cuide bem dele e passe o maior tempo possível nesse lugar repousante e tranqüilo.

Capítulo 8

Um Jardim de Ervas Inspirado no Feng Shui

Aceitai estas flores:
alfazema, hortelã, segurelha, manjerona,
E esta aqui, malmequer, que se recolhe com o sol,
Para com ele levantar-se também, cedo, a chorar...

– William Shakespeare
Conto de Inverno, iv, III, 103

As ervas são as mais sensuais das plantas e o sabor e aroma que têm quase sempre trazem à tona profundas lembranças. Os jardins de ervas criam uma grande quantidade de ch'i, pois elas proporcionam ao ambiente cor, perfume e sons. Basta pensar no zumbido constante das mamangavas, enquanto voam de flor em flor.

Vamos supor que você esteja prestes a fazer um pequeno jardim de ervas. Para ilustrar esse exemplo, precisaremos recorrer às Aspirações do Ba-guá, pois nesse caso não seria possível usar as direções da bússola. Quando você for de fato fazer o seu jardim, é claro que você poderá definir o lugar mais apropriado para ele tanto com base no bússola quanto nas Aspirações.

Nosso jardim imaginário terá aproximadamente três metros de comprimento por três de largura, o que faz com que cada setor do ba-guá tenha um metro quadrado.

Queremos que o jardim fique bonito, além de fornecer uma variedade de ervas que possam ser usadas na cozinha ou na produção de óleos essenciais e buquês de ervas.

A Escolha das Ervas

Comece decidindo que ervas você gostaria de plantar. Pense nas ervas que terão mais utilidade para você e nas que têm as cores e aromas de que precisa para ativar as diferentes áreas do ba-guá. Você também precisa determinar as ervas que terão mais condições de medrar no seu jardim em particular. O manjericão, por exemplo, é originário da região mediterrânea e precisa de muito sol e calor para crescer com vigor. A erva-dos-gatos é nativa da Eurásia e gosta de ficar à sombra. Eis aqui algumas das plantas mais úteis que você poderia pôr no seu jardim de ervas:

Alecrim. Erva medicinal e culinária, de pequenas flores azuis. Também é usada no tratamento da dor de cabeça e do reumatismo.

Alho. A "erva milagrosa". Pode ser usado na culinária e para fins medicinais.

Artemísia. Erva ornamental que repele pulgões e insetos.

Babosa. Produz um gel que pode ser usado no tratamento de acne, queimaduras e assaduras.

Bergamota. Menta usada na culinária, produz lindas flores vermelhas ou cor-de-rosa e um aroma acentuado. Os índios americanos usavam a bergamota para fazer um refrescante chá de ervas.

Borragem. Planta anual, em forma de arbusto, que dá flores de um azul vibrante. Suas folhas e sementes eriçadas podem ser usadas como compressa.

Camomila. Pode ser usada de muitas formas com fins terapêuticos, como no tratamento da insônia. As flores da camomila parecem minúsculas margaridas e exalam um delicioso aroma de fruta.

Cebolinha. Erva usada na culinária; suas folhas, parecidas com a das gramíneas podem ser usadas para temperar qualquer prato. A cebolinha produz flores de cor púrpura, no final da primavera.

Confrei. Se você não tomar cuidado esta erva pode tomar conta do seu jardim. Ela produz flores brancas, azuis e púrpura. É útil no tratamento de problemas de pele.

Coriandro. Planta parecida com a salsa, mas cujas folhas têm um aroma picante característico. É muito usado em arranjo de flores desidratadas.

Dente-de-leão. Geralmente considerado uma erva daninha, os dentes-de-leão são um excelente diurético e tônico para o sangue.

Endro. Erva usada na culinária, de folhas leves e macias. Não a plante perto da erva-doce, pois uma afeta o aroma da outra.

Equinácia. Erva medicinal que produz flores púrpuras. É um excelente purificador do sangue.

Erva-cidreira. Erva usada na culinária; produz minúsculas flores brancas, de folhas em forma de coração e perfume de limão. Atrai abelhas para o jardim e inspira sentimentos positivos.

Erva-doce. Pode ser usada para muitos fins, tanto na culinária quanto na fitoterapia.

Erva-dos-gatos. Também chamada *gatária*. Ameniza gripes e febres. Cresce até 50cm e dá flores encantadoras, de um azul brilhante.

Lavanda (alfazema). Esta planta produz um aroma refrescante, que se reconhece imediatamente. As lindas flores cor-de-malva são usadas em arranjos de flores desidratadas e como perfume. Sachês de lavanda no quarto podem ajudar a melhorar o sono.

Manjericão. Suas folhas extremamente perfumadas, são usadas na preparação de alimentos, remédios e cosméticos.

Manjerona. Erva aromática que produz lindas flores cor-de-rosa ou púrpuras. Por ter um odor delicado é usada em sachês.

Menta. Erva essencial que deveria fazer parte de qualquer jardim. Existem muitos tipos de menta à disposição. As mentas perfumadas mais comuns são a hortelã-silvestre, a hortelã-pimenta e a hortelã-verde.

Milefólio. Essa erva é considerada medicinal há milhares de anos. Produz pequeninas flores cor-de-rosa ou branca, e tem um característico odor picante.

Orégano. Erva usada na culinária e que também pode ser usada com fins medicinais. O orégano-grego é a variedade que tem o aroma mais acentuado.

Salsa. Erva usada na culinária e com excelentes propriedades desodorizantes.

Sálvia. De folhas acinzentadas e flores azuis e delicadas, essa erva utilíssima é usada para fins medicinais, em cosméticos e na culinária.

Tomilho. Erva usada na culinária e como anti-séptico. Existem muitas variedades de tomilho; a cor das flores vai do branco ao violeta. Raminhos de tomilho no guarda-roupa ou nas gavetas ajudam a repelir pulgas e traças. Antigamente, os gregos e os romanos queimavam tomilho para eliminar odores desagradáveis e purificar o ar dos lugares públicos.[1]

Verbena-odorífera. Esta planta de aroma cítrico tem belas folhas estreitas e enrugadas. Produz um chá delicioso de limão e também é usada em arranjos de flores secas e na cosmética.

Existem muitas outras ervas, mas essas certamente são as mais úteis para pequenos jardins de ervas. Decida que ervas você quer plantar. Descubra o espaço que cada uma necessita. Não convém, do ponto de vista do feng shui, que as ervas precisem disputar o espaço.

Localização das Ervas no Jardim

Gosto de plantar as ervas no gramado junto ao jardim e ir mudando o lugar delas até ficar satisfeito com a posição de cada uma. Faço isso com base no que sinto, no meu senso estético, nas Aspirações do Ba-guá e nas direções da bússola. Eu provavelmente colocaria as ervas aromáticas margeando o jardim, para que fosse mais fácil sentir-lhes o perfume. Muitas ervas precisam ser esmagadas ou friccionadas para que exalem seu aroma; por isso é preferível plantá-las em lugares de fácil acesso.

Também levo em consideração, naturalmente, o tamanho que a planta vai atingir. Plantas maiores podem prejudicar as menores. (A angélica, por exemplo, pode chegar a dois metros de altura.) Plantas que se alastram sufocam as que estão nas proximidades.

Também levo em conta se a planta é anual ou perene. Tudo isso pode parecer complicado, mas, na prática, é fácil, pois já penso em tudo isso quando compro as ervas pela primeira vez.

Não existe um jeito certo de escolher a posição das ervas no jardim, mas eu acho melhor fazer dessa forma. Afinal de contas, é muito menos trabalhoso decidir a posição de cada uma delas *antes* de plantá-las.

Eu normalmente decido o lugar em que vou plantá-las e depois saio um pouco durante uma ou duas horas. Assim o meu subconsciente pode pensar na posição certa enquanto estou fazendo outra coisa. Geralmente faço algumas mudanças depois que volto a pensar sobre o assunto. Faço isso quantas vezes for necessário. Se eu não precisar fazer mais nenhuma mudança no meu planejamento, é sinal de que estou pronto para plantá-las no lugar definitivo.

Muitas pessoas que eu conheço ignoram a estética e plantam as ervas usando como guia apenas as Aspirações do Ba-guá. Isso pode funcionar para elas, mas eu, pessoalmente, prefiro que meu jardim também fique o mais bonito possível. O ch'i benéfico é criado por todas as coisas belas. Quero que o meu jardim de ervas seja ao mesmo tempo bonito e funcional.

Mesmo que você prefira basear-se meramente nas Aspirações do Ba-guá, existem outras coisas que você precisa decidir. Você pode, se quiser, plantar bergamota na área da Abundância por sentir que as flores escarlates dessa planta vão dar a você a motivação de que precisa para progredir financeiramente. Seria esse o caso especialmente se você fosse do elemento terra, pois o fogo (vermelho) cria a terra, no Ciclo da Criação dos elementos (veja página 32). Uma outra pessoa poderia plantar essa erva no setor da Família, para promover a saúde e o bem-estar físico de um membro da família. Outra pessoa poderia ignorar o ba-guá e optar pela bergamota só por causa do seu delicioso sabor cítrico de menta. Talvez alguém a plante para atrair borboletas.

Existem, provavelmente, milhares de razões para que as pessoas plantem bergamota no jardim. Trata-se de uma erva bonita e muito útil. No entanto, independentemente das suas razões para plantá-la, você vai ter que deixar um espaço no jardim para que ela se espalhe à medida que cresce.

Os jardins de ervas também podem refletir nossos interesses pessoais. Alguns anos atrás, eu vi um jardim de ervas shakespeariano, criado por alguém que usou apenas ervas citadas nas obras de Shakespeare. Isso deu origem a um jardim encantador, que também inspirava em seu dono pensamentos agradáveis sobre as peças desse escritor. Outras pessoas criaram jardins semelhantes, usando plantas que têm nome de deuses ou de pessoas.[2]

Capítulo 9

Leve o Jardim para Dentro de Casa

Eu me lembro de que fiquei encantado quando uma amiga me disse que, no inverno, ela levava o jardim para dentro de casa. Isso porque ela morava numa região de clima frio e as plantas não sobreviveriam fora de casa, durante os longos meses de inverno. A solução mais prática era ter muitos vasos de plantas, que poderiam ser levados para dentro quando o tempo estivesse muito ruim.

Sempre gostei de ter plantas dentro de casa, assim como fora. Na nossa casa, temos muitos vasos que estão ali não só por motivos estéticos, mas para melhorar o feng shui do ambiente. Também costumamos ter flores frescas dentro de casa, durante a maior parte do ano. Flores em vasos são bonitas e proporcionam ao ambiente cor e perfume; mas é importante que elas sejam removidas tão logo comecem a morrer. Flores mortas geram ch'i negativo, ou shar ch'i. As flores desidratadas também não são apropriadas, do ponto de vista do feng shui, com exceção dos ramos de flores secas. Como você deve se lembrar, feng shui significa "vento e água", e as flores desidratadas são completamente destituídas de água.

As plantas em vaso e as flores recém-colhidas são as formas mais práticas para se trazer o jardim para dentro de casa. É claro que, se você tem a sorte de ter uma estufa, você pode ter um jardim inteiro num lugar fechado. No entanto, poucos de nós podem usufruir esse privilégio. Antes de ter um jardim de ervas dentro de casa, tivemos um bem pequeno no parapeito da janela da cozinha. Embora fosse bem pequenino, ele era lindo e produzia muitas ervas frescas.

Nosso primeiro lar foi um apartamento. Nosso jardim se resumia a uma pequena jardineira que nos enchia de prazer. O espetáculo de cores que criávamos gerava ch'i e alegrava o nosso pequeno lar. Sempre que me lembro dessa época, nossa jardineira na janela me vem à mente. Não é preciso que você faça um jardim ao ar livre, para poder pôr em prática as idéias deste livro.

Como Aumentar o Ch'i com Aromas e Cores

Felizmente, existem muitas maneiras de proporcionar cor e perfume ao nosso jardim interno. Distribua pela casa flores cujas cores representem os membros da família. Essas flores servirão como afirmações silenciosas. Sempre que você as vir, vai se lembrar de uma pessoa especial na sua vida.

Perfume o ambiente que quiser. A parte central da casa é uma boa opção, pois é nesse local que fica o Centro da Sorte, e dali o aroma se espalhará pela casa inteira.

Os Tussie Mussies (capítulo 6) são bons exemplos de como usar cor e perfume para aumentar o ch'i. A seguir, apresento outros exemplos:

Ervas

As ervas podem ser levadas para dentro de casa para enfeitar a cozinha e perfumar os pratos. Os sachês de ervas são ótimos presentes. Os banhos de ervas são refrescantes, além de nos fazer muito bem.

Arranjos Perfumados

Os arranjos feitos com laranjas ornamentadas com trevos têm um perfume especial, além de ser um presente diferente e inusitado. Esses arranjos também podem ser feitos com limão, limas e maçã verdes.

Ramos de Flores Secas

Embora sejam controvertidas do ponto de vista do feng shui, essas flores secas fazem com que o aroma dos jardins esteja presente na casa o ano todo. Esses ramos também podem ser colocados em saquinhos e distribuídos pela casa. Uma senhora que eu conheço coloca-os entre as almofadas. Sempre que alguém se senta no sofá, delicia-se com o maravilhoso perfume das flores.

Os sachês de flores e de ervas podem ser colocados no guarda-roupa, para perfumar as roupas e repelir os insetos. Eles também podem ser postos embaixo do travesseiro, para garantir um sono repousante. Você pode colocar esses sachês em praticamente qualquer lugar. Já vi até mesmo móbiles recheados com flores secas. Recentemente, minha mulher e eu estivemos num hotel que tinha cabides forrados, recheados com flores secas.

Água Perfumada

Nos tempos em que não existia água encanada, a água perfumada costumava ser usada para se lavar o rosto e as mãos. Pétalas de flores perfumadas eram deixadas em jarros de água durante a noite, para conservar a água fresca até a manhã seguinte. A água perfumada ainda pode ser usada nos dias de hoje para dar à casa uma atmosfera de luxo e extravagância, sem que seja preciso pagar nada por isso.

Xampus e Condicionadores

Os xampus e condicionadores podem ser feitos de ervas e estes em geral são mais suaves do que os fabricados comercialmente. A erva-cidreira produz um xampu maravilhoso e seu aroma delicioso faz do ato de lavar os cabelos uma experiência extasiante. Pode-se fazer um excelente condicionador para cabelos claros usando a camomila.

Água-de-Colônia

A água-de-colônia, um tipo de água aromatizada e de nível alcoólico alto, é extremamente refrescante e revitalizante. A princípio ela tornou-se popular entre as senhoras que serviam na corte da rainha Elizabeth I, mas logo caiu no gosto da população.

Eau de Cologne. A *Eau de Cologne* foi criada, em 1725, por um italiano inovador que morava em Colônia, Alemanha, e ainda hoje é a mais famosa água-de-colônia.

Água carmelita. A água carmelita foi inventada pelos monges carmelitas em 1611. Ainda hoje é uma das águas-de-colônia mais fáceis de se fazer. Você só precisa de 300ml de uma vodka de boa qualidade, seis colheres de folhas e do talo de angélica picados, seis colheres de folhas de erva-cidreira picadas, 15 gramas de sementes de coentro amassadas, uma nós-moscada picada, duas colheres de trevo e quatro pedaços de canela em pau, de aproximadamente 2,5cm.

Coloque todos os ingredientes numa jarra e agite vigorosamente. Deixe a jarra num local de temperatura amena e agite a solução diariamente. Depois de três semanas, coe o conteúdo da jarra e coloque-o em outro recipiente. Pode ser usado imediatamente.

Velas Perfumadas e Vaporizadores

As velas perfumadas têm sido usadas há milhares de anos para perfumar a casa. Os vaporizadores também se tornaram populares mais recentemente. O vaporizador é um recipiente de cerâmica que aquece levemente óleos essenciais, fazendo com que estes evaporem e perfumem o ambiente.

Fabricação de velas. Contanto que você tenha os materiais apropriados, é muito fácil confeccionar velas. No entanto, se tentar fazer velas com parafina caseira e lápis de cera, você vai ficar desapontado, pois elas soltarão muita fumaça, esquentarão demais ou exalarão um cheiro desagradável.

É possível encontrar os materiais apropriados em lojas de artigos para artesanato. Compre parafina própria para velas, ácido esteárico (para endurecer a parafina e fazer com que a vela queime por igual), pavios, corantes e moldes. Você também pode encontrar aromatizantes especiais para velas, que, por serem feitos de óleo puro, conservam o aroma por muito mais tempo do que os outros.

Os óleos usados em aromaterapia também podem ser usados nas velas perfumadas. No entanto, como muitos desses óleos têm propriedades terapêuticas, convém consultar alguns livros de aromaterapia antes de utilizá-los nas velas. Embora você possa usar qualquer tipo de aromatizante *à base de óleo*, vale a pena experimentar vários tipos e quantidades diferentes até se chegar a um bom resultado. Naturalmente, devem ser evitados aqueles que sejam à base de álcool ou água.

Você também pode tentar coisas diferentes. Se acrescentar ervas aromáticas à cera, antes de resfriá-la, você pode obter aromas bem interessantes. Se optar por flores esmagadas, elas provavelmente se depositarão no fundo do molde, no entanto, podem dar à vela um perfume delicioso.

Para fazer velas em casa, use um aquecedor duplo e procure trabalhar num lugar arejado. Se necessário, faça você mesmo um aquecedor improvisado, usando uma tigela e uma caçarola. Lembre-se de que a cera pode pegar fogo se for superaquecida, e cada tipo de cera inflama numa determinada temperatura. Procure se inteirar das propriedades da cera que você está usando e use um termômetro para manter a temperatura sob controle. É sempre bom ter cuidado ao fazer velas, pois a cera quente pode provocar queimaduras graves.

Deixe os moldes sempre limpos e secos. Você pode usar como molde praticamente qualquer coisa que resista ao calor da cera quente. Se estiver usando um molde fabricado especialmente para velas, borrife-o com silicone líquido ou com óleo vegetal para que fique mais fácil remover a vela, depois de pronta. Derreta a parafina num aquecedor duplo e depois adicione ácido esteárico (uma parte de ácido para cada dez partes de cera). *Não* deixe a mistura atingir uma temperatura superior a 100° C. Derrame cuidadosamente a mistura num recipiente (se quiser, pode usar uma concha para fazer isso) e mexa com uma colher, enquanto acrescenta o corante. Amarre o pavio numa vareta e centralize-a sobre o molde. Talvez você precise colocar um peso no pavio para ter certeza de que ele ficará no fundo do molde. Em seguida, despeje a cera o mais próximo possível do centro do molde. Dessa forma, a probabilidade de se formarem bolhas de ar é menor.

Acrescente a substância aromatizante logo depois de despejar a cera no molde. Siga as instruções do fabricante para saber a quantia certa de aromatizante. O mais comum é usar 15ml de aromatizante para cada 500g de cera. Deixe a cera endurecendo por uma hora, a 22° C pelo menos. Depois que a cera tiver solidificado, bata de leve nas laterais do molde e mergulhe-o em água quente para soltar a vela. Corte o pavio, deixando-o com 1cm de comprimento, aproximadamente.

Se quiser, você pode acrescentar à mistura uma pequena quantidade de cera de abelha, no momento em que estiver adicionando o ácido astérico. Isso faz com que a cera demore mais para derreter, e a vela dure mais tempo. A cera de abelha também dará um perfume delicioso à vela.

Enquanto não acendê-las, deixe as velas perfumadas embaladas num saquinho plástico, pois elas tendem a perder o perfume quando ficam desprotegidas por algum tempo. Existem muitos livros no mercado que fornecem instruções detalhadas sobre a fabricação de velas.

Fogo Aromático

Muitas ervas perfumam o ambiente quando colocadas no fogo. A lavanda, a angélica e o alecrim são bons exemplos disso. As madeiras aromáticas, como o cipreste e o junípero, eram usados para fumigar os ambientes, do século XVI ao XIX. Surgiram algumas superstições em torno desses vegetais. Por exemplo, acreditava-se que o alecrim e as folhas de louro afastavam espíritos malignos, enquanto o abrótono podia deter qualquer "serpente que estivesse escondida nos cantos". As pessoas também acreditavam que sentir um aroma de flor num ambiente em que não havia nenhuma era um presságio de morte.[1]

Pinhas de abeto e de pinheiro exalam um agradável aroma quando queimados. No entanto, *antes* de queimá-los, você também pode usá-los para perfumar o ambiente. Instile algumas gotas de óleo essencial sobre eles e coloque-os próximo do fogo. Quando o cômodo estiver aquecido, as pinhas exalarão um agradável perfume.

Conclusão

A vida deveria ser uma experiência bela e agradável para todos nós. Lamentavelmente, não é sempre que isso acontece. Se procurarmos acrescentar cor, beleza e perfume ao ambiente em que vivemos, poderemos ter uma vida mais feliz e brilhante, em todos os sentidos. Ao mesmo tempo, criaremos ch'i em profusão, fazendo da nossa casa um lugar harmonioso para se viver.

Os chineses acreditavam que, se estivéssemos cercados de energia ch'i em abundância, teríamos uma vida de felicidade, contentamento e prosperidade. Se na sua vida faltam essas três coisas, dê uma olhada no seu jardim, usando o feng shui como guia. Procure eliminar ou repelir qualquer eventual shar, faça uma limpeza geral, conserte o que for preciso e plante mais flores.

Eu espero que este livro inspire você a olhar o seu jardim com novos olhos, e a fazer mudanças que aumentem o ch'i que circula pela sua casa.

É aconselhável fazer uma ou duas mudanças por vez, e então esperar algumas semanas antes de fazer outra. Isso lhe dá a chance de sentir e avaliar os efeitos de cada mudança, antes de fazer a seguinte.

Tenho certeza de que, depois de ter aplicado os princípios do feng shui no jardim e observado seus efeitos benéficos, você vai querer aplicar essa arte também dentro de casa e no ambiente de trabalho. Deixo aqui meus votos de que a sua vida seja repleta de felicidade, contentamento e prosperidade.

Apêndice

Elementos e Signos para os Nascidos de 1900 a 2000

Elemento	Signo	Ano
Metal	Rato	De 31 de jan. de 1900 a 18 de fev. de 1901
Metal	Boi	De 19 de fev. de 1901 a 7 de fev. de 1902
Água	Tigre	De 8 de fev. de 1902 a 28 de jan. de 1903
Água	Coelho	De 29 de jan. de 1903 a 15 de fev. de 1904
Madeira	Dragão	De 16 de fev. de 1904 a 3 de fev. de 1905
Madeira	Serpente	De 4 de fev. de 1905 a 24 de jan. de 1906
Fogo	Cavalo	De 25 de jan. de 1906 a 12 de fev. de 1907
Fogo	Carneiro	De 13 de fev. de 1907 a 1º de fev. de 1908
Terra	Macaco	De 2 de fev. de 1908 a 21 de jan. de 1909
Terra	Galo	De 22 de jan. de 1909 a 9 de fev. de 1910
Metal	Cachorro	De 10 de fev. de 1910 a 29 de jan. de 1911
Metal	Javali	De 30 de jan. de 1911 a 17 de fev. de 1912
Água	Rato	De 18 de fev. de 1912 a 5 de fev. de 1913
Água	Boi	De 6 de fev. de 1913 a 25 de jan. de 1914
Madeira	Tigre	De 26 de jan. de 1914 a 13 de fev. de 1915
Madeira	Coelho	De 14 de fev. de 1915 a 2 de fev. de 1916
Fogo	Dragão	De 3 de fev. de 1916 a 22 de jan. de 1917
Fogo	Serpente	De 23 de jan. de 1917 a 10 de fev. de 1918
Terra	Cavalo	De 11 de fev. de 1918 a 31 de jan. de 1919
Terra	Carneiro	De 1º de fev. de 1919 a 19 de fev. de 1920
Metal	Macaco	De 20 de fev. de 1920 a 7 de fev. de 1921
Metal	Galo	De 8 de fev. de 1921 a 27 de jan. de 1922
Água	Cachorro	De 28 de jan. de 1922 a 15 de fev. de 1923
Água	Javali	De 16 de fev. de 1923 a 4 de fev. de 1924
Madeira	Rato	De 5 de fev. de 1924 a 24 de jan. de 1925
Madeira	Boi	De 25 de jan. de 1925 a 12 de fev. de 1926
Fogo	Tigre	De 13 de fev. de 1926 a 1º de fev. de 1927

Fogo	Coelho	De 2 de fev. de 1927 a 22 de jan. de 1928
Terra	Dragão	De 23 de jan. de 1928 a 9 de fev. de 1929
Terra	Serpente	De 10 de fev. de 1929 a 29 de jan. de 1930
Metal	Cavalo	De 30 de jan. de 1930 a 16 de fev. de 1931
Metal	Carneiro	De 17 de fev. de 1931 a 5 de fev. de 1932
Água	Macaco	De 6 de fev. de 1932 a 25 de jan. de 1933
Água	Galo	De 26 de jan. de 1933 a 13 de fev. de 1934
Madeira	Cachorro	De 14 de fev. de 1934 a 3 de fev. de 1935
Madeira	Javali	De 4 de fev. de 1935 a 23 de jan. de 1936
Fogo	Rato	De 24 de jan. de 1936 a 10 de fev. de 1937
Fogo	Boi	De 11 de fev. de 1937 a 30 de jan. de 1938
Terra	Tigre	De 31 de jan. de 1938 a 18 de fev. de 1939
Terra	Coelho	De 19 de fev. de 1939 a 7 de fev. de 1940
Metal	Dragão	De 8 de fev. de 1940 a 26 de jan. de 1941
Metal	Serpente	De 27 de jan. de 1941 a 14 de fev. de 1942
Água	Cavalo	De 15 de fev. de 1942 a 4 de fev. de 1943
Água	Carneiro	De 5 de fev. de 1943 a 24 de jan. de 1944
Madeira	Macaco	De 25 de jan. de 1944 a 12 de fev. de 1945
Madeira	Galo	De 13 de fev. de 1945 a 1º de fev. de 1946
Fogo	Cachorro	De 2 de fev. de 1946 a 21 de jan. de 1947
Fogo	Javali	De 22 de jan. de 1947 a 9 de fev. de 1948
Terra	Rato	De 10 de fev. de 1948 a 28 de jan. de 1949
Terra	Boi	De 29 de jan. de 1949 a 16 de fev. de 1950
Metal	Tigre	De 17 de fev. de 1950 a 5 de fev. de 1951
Metal	Coelho	De 6 de fev. de 1951 a 26 de jan. de 1952
Água	Dragão	De 27 de jan. de 1952 a 13 de fev. de 1953
Água	Serpente	De 14 de fev. de 1953 a 2 de fev. de 1954
Madeira	Cavalo	De 3 de fev. de 1954 a 23 de jan. de 1955
Madeira	Carneiro	De 24 de jan. de 1955 a 11 de fev. de 1956
Fogo	Macaco	De 12 de fev. de 1956 a 30 de jan. de 1957
Fogo	Galo	De 31 de jan. de 1957 a 17 de fev. de 1958
Terra	Cachorro	De 18 de fev. de 1958 a 7 de fev. de 1959
Terra	Javali	De 8 de fev. de 1959 a 27 de jan. de 1960
Metal	Rato	De 28 de jan. de 1960 a 14 de fev. de 1961
Metal	Boi	De 15 de fev. de 1961 a 4 de fev. de 1962
Água	Tigre	De 5 de fev. de 1962 a 24 de jan. de 1963
Água	Coelho	De 25 de jan. de 1963 a 12 de fev. de 1964

Madeira	Dragão	De 13 de fev. de 1964 a 1º de fev. de 1965
Madeira	Serpente	De 2 de fev. de 1965 a 20 de jan. de 1966
Fogo	Cavalo	De 21 de jan. de 1966 a 8 de fev. de 1967
Fogo	Carneiro	De 9 de fev. de 1967 a 29 de jan. de 1968
Terra	Macaco	De 30 de jan. de 1968 a 16 de fev. de 1969
Terra	Galo	De 17 de fev. de 1969 a 5 de fev. de 1970
Metal	Cachorro	De 6 de fev. de 1970 a 26 de jan. de 1971
Metal	Javali	De 27 de jan. de 1971 a 15 de jan. de 1972
Água	Rato	De 16 de jan. de 1972 a 2 de fev. de 1973
Água	Boi	De 3 de fev. de 1973 a 22 de jan. de 1974
Madeira	Tigre	De 23 de jan. de 1974 a 10 de fev. de 1975
Madeira	Coelho	De 11 de fev. de 1975 a 30 de jan. de 1976
Fogo	Dragão	De 31 de jan. de 1976 a 17 de fev. de 1977
Fogo	Serpente	De 18 de fev. de 1977 a 6 de fev. de 1978
Terra	Cavalo	De 7 de fev. de 1978 a 27 de jan. de 1979
Terra	Carneiro	De 28 de jan. de 1979 a 15 de fev. de 1980
Metal	Macaco	De 16 de fev. de 1980 a 4 de fev. de 1981
Metal	Galo	De 5 de fev. de 1981 a 24 de jan. de 1982
Água	Cachorro	De 25 de jan. de 1982 a 12 de fev. de 1983
Água	Javali	De 13 de fev. de 1983 a 1º de fev. de 1984
Madeira	Rato	De 2 de fev. de 1984 a 19 de fev. de 1985
Madeira	Boi	De 20 de fev. de 1985 a 8 de fev. de 1986
Fogo	Tigre	De 9 de fev. de 1986 a 28 de jan. de 1987
Fogo	Coelho	De 29 de jan. de 1987 a 16 de fev. de 1988
Terra	Dragão	De 17 de fev. de 1988 a 5 de fev. de 1989
Terra	Serpente	De 6 de fev. de 1989 a 26 de jan. de 1990
Metal	Cavalo	De 27 de jan. de 1990 a 14 de fev. de 1991
Metal	Carneiro	De 15 de fev. de 1991 a 3 de fev. de 1992
Água	Macaco	De 4 de fev. de 1992 a 22 de jan. de 1993
Água	Galo	De 23 de jan. de 1993 a 9 de fev. de 1994
Madeira	Cachorro	De 10 de fev. de 1994 a 30 de jan. de 1995
Madeira	Javali	De 31 de jan. de 1995 a 18 de fev. de 1996
Fogo	Rato	De 19 de fev. de 1996 a 6 de fev. de 1997
Fogo	Boi	De 7 de fev. de 1997 a 27 de jan. de 1998
Terra	Tigre	De 28 de jan. de 1998 a 15 de fev. de 1999
Terra	Coelho	De 16 de fev. de 1999 a 4 de fev. de 2000
Metal	Dragão	De 5 de fev. de 2000

Notas

Introdução

1. Ficino, Marsilio. *Marcilio Ficino: The Book of Life*. Traduzido por Charles Boer. Dallas: Spring Publications, 1980, página 134.
2. William Blake, citado em *Unfolding Seasons*, de Kerry Carman. Auckland: Random Century New Zealand Limited, 1992, página 122.
3. Whiten, Faith e Geoff. *Chinese Garden Style*. Londres: Unwin Hyman Limited, 1988, página 57.

Capítulo 1

1. Bloomfield, Frena. *The Book of Chinese Beliefs*. Londres: Arrow Books Limited, 1983, página 21.
2. Peterson, Russell. "At Last, Earth's Future is a Truly Global Concern". Artigo de *L. A. Times*, 14 de maio de 1989.
3. Diamond, Harvey. *Your Heart, Your Planet*. Santa Monica, CA: Hay House Inc., 1990, página 96.

Capítulo 2

1. Allardice, Pamela. *Green Thumbs*. Sydney: Bay Books, 1994, página 124.

Capítulo 3

1. Chiu, T, N. e C. L. So, organiz. *A Geography of Hong Kong*. Hong Kong: Oxford University Press, 1983, páginas 59-62.
2. Too, Lillian. *The Complete Illustrated Guide to Feng Shui*. Longmead: Element Books Limited, 1996, página 206.

Capítulo 6

1. O mais acessível dos livros modernos sobre a psicologia das cores é *The Beginner's Guide to Colours Psychology*, de Angela Wright (Londres: Kyle Cathie Limited, 1995). Entre os livros mais recentes sobre esse assunto, o mais interessante é *Color Psychology and Color Therapy*, de Faber Birren (Secaucus, NJ: Citadel Press, 1950).
2. Mella, Dorothee L. *The Language of Color*. Nova York: Viking Penguin, Inc., 1988, página 9.
3. Isaacs, Jennifer. *The Secret Meaning of Flowers*. East Roseville, Austrália: Simon ans Schuster Australia, 1993, página 93.
4. Wright, Angela. *The Beginner's Guide to Colour Psychology*. Londres: Kyle Cathie Limited, 1995, página 82.
5. Hessayon, dr. D.G. *The Armchair Book of the Garden*. Londres: Century Publishing Co. Ltd., 1983, página 45.
6. Muitas pessoas fazem confusão entre o gerânio e o pelargônio. "Gerânio" é o termo geralmente usado para descrever a família de plantas chamada *geraniaceae*, que inclui os pelargônios. De fato, muitas plantas que são chamadas de "gerânios" são, na verdade, pelargônios.
7. O profeta Maomé, citado em *Green Thumbs*, de Pamela Allardice, Sydney: Bay Books, 1994, página 130.
8. *Enciclopaedia Britannica, Micropaedia*. Chicago: Encyclopaedia Britannica, Inc., 15ª edição, 1983, volume VII, página 872.
9. Carman, Kerry. *Unfolding Seasons*. Auckland Random Century New Zealand Limited, 1992, página 41.
10. Abraham, Doc e Katy. *Green Thumbs Wisdom*. Pownal, VT: Storey Communications, Inc., 1996, páginas 33-34.
11. Allardice, Pamela. *Green Thumbs*. Sydney: Bay Books, 1994, página 92.
12. Griffin, Judy, Ph.D. *Mother Nature's Herbal*. St. Paul, MN: Llewellyn Publications, 1997, página 114. Judy Griffin também descreve um bonito jardim perfumado na página 265.
13. Dunn, Olive. *Delights of a Fragrance Garden*. Auckland, NZ: Century Hutchinson New Zealand Limited, 1989, página 73.
14. Greenaway, Kate. *The Illuminated Language of Flowers*. Londres: Macdonald and Jane's, 1887. Republicado em 1978. Pelo menos 150 dicionários de flores foram publicados na época vitoriana, o

que atesta a popularidade das flores como um meio de troca de mensagens secretas num tempo em que os jovens casais nunca se encontravam sem a presença de uma dama de companhia. Devia ser terrível deparar com uma anêmona, que significava "recusa". E como deveria ser excitante a visão de uma gardênia ("amor secreto"), uma dedaleira ("sinceridade") ou um cinamomo ("tudo o que eu tenho é seu").

Capítulo 7

1. Stevens, David e Ursula Buchan. *The Ultimate Garden Book for North America.* Nova York: Rizzoli International Publications, Inc., 1996, página 46.
2. Toogood, Alan. *The Sheltered Garden.* Newton Abbot: David and Charles Publishers pic, 1989, página 16.
3. Webster, Richard. *Seven Secrets to Success.* St. Paul: Llewellyn Publications, 1997.
4. Webster, Richard. *Omens, Oghams and Oracles.* St. Paul: Llewellyn Publications, 1995, páginas 39-41.

Capítulo 8

1. Duff, Gail. *Natural Fragrances.* Londres: Sidgwick and Jackson Limited, 1989, página 13.
2. Clayton, Fay. *Deities in My Garden.* Paraparaumu, Nova Zelândia: Ety Publications, 1994, e Clayton, Fay. *Gentlemen in my Garden.* Paraparaumu, Nova Zelândia: Ety Publications, 1992.

Capítulo 9

1. Zolar. *Zolar's Encyclopedia of Omens, Signs and Supertitions.* Nova York: Prentice Hall Press, 1989, página 310.

Glossário

Ba-guá — O ba-guá costuma ser encontrado na porta dos lares chineses, pois esse povo o considera um talismã e um símbolo de proteção. Ele tem um formato octogonal e geralmente tem no centro ou um espelho ou um símbolo do yin e yang. Ao redor, são colocados os oito trigramas do I Ching. O ba-guá indica as oito direções da bússola. Os trigramas são todos relacionados com os cinco elementos. Por isso, por meio do ba-guá, podemos determinar as direções favoráveis e desfavoráveis de uma pessoa.

Ch'i — Ch'i é a energia universal ou a força vital encontrada em todas as coisas vivas. Ela é criada por tudo o que é belo e quando algo é feito com perfeição. O lugar perfeito para construir a casa é aquele em que existe ch'i em abundância. Tradicionalmente, o ideal é que a casa esteja voltada para o sul, tenha atrás dela montanhas para protegê-la e um riacho murmurante à sua frente.

Ciclo da Criação — Os cinco elementos podem ser combinados de várias formas. No Ciclo da Criação (também conhecido como Ciclo do Nascimento), cada elemento ajuda e apóia o que vem a seguir no ciclo. No Ciclo da Criação, a madeira queima e cria o fogo. O fogo produz a terra. Da terra vem o metal. O metal liquefaz-se, simbolizando a água. E, por fim, a água nutre, cria e alimenta a madeira.

Ciclo da Destruição — Os cinco elementos podem ser combinados de uma forma em que cada elemento subjuga e domina o que vem a seguir no ciclo. No Ciclo da Destruição, o fogo derrete o metal. O metal pode destruir a madeira. A madeira tira as forças da terra. A terra absorve e bloqueia a água. A água pode apagar o fogo.

Cinco Elementos (*Os*) — Os cinco elementos tradicionais da Astrologia Chinesa são usados no feng shui e acredita-se que eles compreendem todas as coisas. Cada um dos cinco elementos (fogo, terra, metal, água e madeira) tem uma energia característica. Eles podem ser combinados de várias formas, mas no feng shui são usados o Ciclo da Destruição e o Ciclo da Criação.

Escola da Bússola – A Escola da Bússola é uma das duas escolas do feng shui. A outra é a Escola da Forma. A Escola da Bússola usa as direções da bússola, combinadas com a data de nascimento da pessoa, para determinar as direções favoráveis e desfavoráveis para essa pessoa em particular. Na prática, a maior parte dos praticantes de feng shui usa uma combinação da Escola da Forma e da Escola da Bússola, para fazer a análise do ambiente.

Escola da Forma – A Escola da Forma é a mais antiga das escolas do feng shui. A outra é a Escola da Bússola. A Escola da Forma examina a geografia do terreno para determinar quais são os locais que produzem mais ch'i. Esses são os melhores locais para se construir uma casa.

Feng Shui – Feng shui significa literalmente "vento e água". Trata-se da arte de viver em harmonia com o ambiente. No feng shui, acredita-se que, escolhendo os locais certos para se morar e trabalhar, teremos uma vida de felicidade, contentamento e prosperidade. A história do feng shui remonta a milhares de anos, numa época anterior aos registros históricos da China. Ao longo do século XX, essa arte difundiu-se pelo mundo inteiro e hoje é mais popular do que nunca.

Fu Hsi – Fu Hsi (às vezes chamado Wu da Hsia) foi o primeiro governante da China. Supõe-se que ele tenha vivido cerca de 4.800 anos atrás. Os chineses tiveram cinco imperadores míticos e a cada um dos cinco foi atribuído um tipo de invenção. A Fu atribuiu-se a criação do feng shui, do I Ching e da astrologia e numerologia chinesas. Ninguém sabe se algum desses imperadores chineses de fato existiu.

I Ching – O I Ching, muitas vezes chamado *O Livro das Mutações*, é o livro mais antigo da China. Acredita-se que originalmente ele foi criado por Fu Hsi, em 3322 a.C. O I Ching exerceu uma influência profunda sobre a história e a cultura chinesas. Por milhares de anos, eruditos, imperadores e generais consultaram essa obra para ampliar sua visão das coisas, antes de tomar uma decisão. O I Ching foi o único livro poupado por Chin Shih-Huang, quando este mandou destruir todos os livros da China, em 215 a.C. O I Ching é um oráculo que consiste em 64 símbolos, conhecidos como hexagramas. Cada hexagrama é composto de dois trigramas, colocados um embaixo do outro, para criar uma figura de seis linhas. Esses hexagramas podem ser usados tanto para adivinhação quanto para reflexão.

Jardim Secreto – O jardim secreto é um lugar cercado de paz e tranqüilidade, onde podemos sentar e relaxar. O ideal seria que ali nos sentíssemos seguros, confortáveis e relaxados. Naturalmente, o jardim precisará de cuidados, embora seu objetivo seja proporcionar um ambiente reservado e tranqüilo, onde possamos simplesmente relaxar e entrar em sintonia com a natureza.

Quadrado Mágico – O Quadrado Mágico consiste numa série de números dispostos numa grade, de tal forma que todas as linhas, horizontais, verticais e diagonais, quando somados os números, dão o mesmo resultado. No mundo ocidental, os quadrados mágicos fazem parte apenas de um ramo da matemática recreacional, mas no Oriente acredita-se que eles tenham poderes mágicos. O feng shui deriva do quadrado mágico que Fu Hsi encontrou no casco de uma tartaruga. Esse mesmo quadrado mágico também deu origem ao I Ching, à Astrologia e Numerologia Chinesas, ao Ki e ao Kigaku.

Shars – Os shars (muitas vezes chamados de "setas envenenadas") são energias negativas que podem trazer má sorte. Os shars são linhas retas que se originam por várias razões. Uma rua reta que converja diretamente para uma casa, num entroncamento em forma de T, é um dos principais shars. A quina de duas paredes de uma casa vizinha poderia dar origem a uma seta apontada para você. Isso também seria um shar. Felizmente, existem soluções para a maioria deles.

Soluções – Soluções são qualquer artifício usado para eliminar efeitos potencialmente prejudiciais de shars ou de desequilíbrios entre os cinco elementos. Por exemplo, uma cerca viva ou um cercado podem ser soluções para um shar que venha de uma casa vizinha.

Trigramas – Os oito trigramas do I Ching abarcam todas as combinações possíveis de linhas inteiras e partidas que podem ser formadas com três linhas. As linhas retas são chamadas yang e representam a energia masculina. As linhas partidas são chamadas yin e representam a energia feminina. Acredita-se que os trigramas tenham sido criados por Fu Hsi e que contenham toda a sabedoria do universo.

Yin e Yang – Yin e yang são dois opostos na filosofia taoísta. Um não é capaz de existir sem o outro. Por exemplo, frente e verso são dois opostos. Sem a frente, não existe o verso. Yin e yang nunca foram definidos, mas até hoje os chineses se divertem fazendo listas de opostos que os representam. O yin é feminino, enquanto o yang é masculino. Acredita-se que os lados opostos de uma montanha tenham dado origem a esse conceito. O lado norte, sombrio, é chamado de yin, enquanto o lado sul, ensolarado, é chamado de yang. Essa visão dualística do universo desempenha um importante papel no feng shui, e nos nossos jardins convém que criemos um equilíbrio entre yin e yang, para que haja um todo harmonioso.

Leitura Recomendada

Abraham, Doc e Katy. *Green Thumb Wisdom.* Pownal, VT: Storey Communications, Inc., 1996.

Bloomfield, Frena. *The Book of Chinese Beliefs.* Londres, Grã-Bretanha: Arrow Books Limited, 1983.

Griffin, Judy. *Mother Nature's Herbal.* St. Paul, MN: Llewellyn Publications, 1997.

Park, Polly. *The World in my Garden.* Kenthurst, Austrália: Kangaroo Press, Pty. Limited, 1988.

Stein, Sara. *Noah's Garden: Restoring the Ecology of Our Own Back Yards.* Nova York: Houghton Mifflin Company, 1993.

Stevens, David e Ursula Buchan. *The Ultimate Garden Book for North America.* Nova York: Rizzoli International Publications, Inc., 1996.

Webster, Richard. *Feng Shui for Beginners.* St. Paul, MN: Llewellyn Publications, 1997.

Whiten, Faith e Geoff. *Chinese Garden Style.* Londres, Grã-Bretanha: Unwin Hyman Limited, 1988.

Sobre o Autor

Richard Webster nasceu na Nova Zelândia em 1946 e reside no seu país de origem até hoje. Ele viaja pelo mundo inteiro todos os anos, fazendo seminários e dando cursos sobre temas psíquicos. Richard já escreveu muitos livros, a maioria sobre temas psíquicos, e também escreve para colunas mensais em várias revistas. Richard é casado e tem três filhos. Sua família sempre o apoiou em seu trabalho, embora o filho mais velho, depois de acompanhar de perto a carreira do pai, tenha decidido estudar contabilidade.

Para Escrever para o Autor

Se você quiser entrar em contato com Richard Webster ou gostaria de obter informações mais detalhadas sobre este livro, por favor mande sua carta aos cuidados da editora Llewellyn Worldwide e nós a encaminharemos ao autor. Tanto Richard Webster quanto o editor gostariam de ouvir o que você tem a dizer. A Llewellyn Worldwide não pode garantir que todas as cartas dirigidas ao autor serão respondidas, mas todas certamente serão enviadas. Por favor, escreva para:

Richard Webster
c/o Llewellyn Worldwide
P.O. Box 64383, Dept. K808-7
St. Paul, MN 55164-0383, U.S.A.

Favor acrescentar um envelope selado e endereçado para resposta ou um dólar para cobrir as despesas. Caso você não more nos Estados Unidos, envie um cupom postal internacional para resposta.

AMOR, ROMANCE E AMIGOS PARA SEMPRE — TUDO ISSO VOCÊ PODE CONSEGUIR ATRAVÉS DO FENG SHUI

Se alguém lhe disser que, para encontrar o amor da sua vida, você precisa apenas mudar a disposição dos móveis da sua casa, você achará que essa pessoa está querendo zombar de você, a não ser que ela já conheça e ponha em prática os princípios do feng shui – uma antiga arte que tem sido praticada na China há milhares de anos. Segundo essa arte, a maneira como você dispõe a mobília e os seus pertences na sua casa afeta a energia universal que os chineses chamam de ch'i, uma poderosa força magnética que atrai sorte e prosperidade para os que sabem direcioná-la e sintonizá-la corretamente.

De posse dos conhecimentos contidos no livro *Feng Shui para o Amor e o Romance*, você poderá:

- Encontrar a pessoa certa para você
- Aumentar a paixão que já existe entre você e o seu parceiro
- Desfrutar um relacionamento com alguém que seja, ao mesmo tempo, seu amante e seu grande amigo
- Verificar, por meio dos cinco elementos da astrologia chinesa, se existe compatibilidade entre você e a pessoa em quem você está interessado
- Melhorar a energia da sua casa pondo em prática as sugestões dadas pelo feng shui

EDITORA PENSAMENTO

RENOVE O SEU APARTAMENTO COM O FENG SHUI

Feng Shui para Quem Mora em Apartamento revela o segredo para tornar o seu apartamento ou quitinete um verdadeiro lar, que traga sorte, prosperidade e paz. Usando o feng shui, você poderá viver em harmonia com a Terra e se sentirá muito mais feliz e saudável – simplesmente mudando a posição de alguns móveis, iluminando cantos escuros da casa ou pondo em prática outras sugestões propostas pelo feng shui.

Aumente o fluxo de energia no seu apartamento com o uso do feng shui e mude sua vida para melhor:

- Ative as áreas de cada cômodo referentes à Prosperidade, à Carreira, à Família e ao Amor
- Proteja-se da energia maléfica dos "shars", que podem estar afetando seu apartamento ou seu prédio
- Aumente o fluxo da energia universal – que os chineses chamam de ch'i – no seu apartamento e veja sua prosperidade aumentar astronomicamente
- Combata os efeitos negativos dos locais da Morte, dos Cinco Fantasmas e do Desastre, presentes em todos os apartamentos
- Descubra quais são os móveis mais importantes num apartamento de um só cômodo e saiba como o simples ato de mudá-los de lugar pode melhorar sua qualidade de vida
- Saiba como ajudar seus amigos, avaliando o apartamento deles de acordo com os princípios do feng shui

EDITORA PENSAMENTO

ARRUME A SUA CASA DE ACORDO COM O FENG SHUI E TORNE SUA VIDA MUITO MAIS HARMONIOSA

101 Dicas do Feng Shui para o Seu Lar ensina você a transformar sua casa num ímã que atraia felicidade e abundância. Com algumas pequenas mudanças, você pode evocar as forças do universo para lhe proporcionar uma vida cheia de saúde, satisfação e prosperidade. Disponha os móveis da casa de acordo com os princípios do feng shui e tenha muito mais harmonia e equilíbrio no ambiente doméstico; pendure sinos tibetanos nas áreas externas para atrair energia positiva; coloque um vaso com plantas no quarto para aumentar a circulação de energia; enfim, lance mão desse conhecimento milenar e observe seu sucesso e seu ânimo subirem às alturas quando você descobrir:

- Como avaliar a energia, ou ch'i, como dizem os chineses, que circula pela sua casa
- Um modo para usar cristais, cores, espelhos e móveis para atrair energia positiva para a sua vida
- A melhor forma de livrar-se da energia negativa que porventura venha da vizinhança
- Como usar chafarizes e aquários para atrair dinheiro
- Como estas e muitas outras sugestões solucionarão de maneira quase mágica possíveis problemas criados pela má disposição dos cômodos da sua casa ou dos objetos e móveis que a integram

EDITORA PENSAMENTO

DECORE SEU AMBIENTE DE TRABALHO DE ACORDO COM O FENG SHUI E TENHA SUCESSO NA SUA CARREIRA

No Oriente, homens e mulheres de negócios consultam regularmente os adeptos do feng shui, pois sabem que essa arte poderá ajudá-los em tudo o que diz respeito ao sucesso profissional. As grandes corporações internacionais fazem esse mesmo tipo de consulta, cientes de que a aplicação dos princípios milenares do feng shui só lhes trará benefícios.

Feng shui é a arte de viver em harmonia com a Terra. Seu objetivo é aumentar o fluxo do ch'i (a energia vital do universo) nos ambientes em que você vive. Se você não está conseguindo progredir na carreira, é possível que seu ch'i esteja bloqueado; restabelecendo o fluxo dessa energia, você será amplamente beneficiado, seja qual for o setor da sua vida que você queira melhorar.

Se você quer aumentar a sua produtividade, diminuir a rotatividade de empregados no seu escritório, melhorar as vendas da sua loja ou atrair mais clientes para o escritório de consultoria que mantém em casa, *Feng Shui para o Local de Trabalho* lhe dá as dicas e soluções que se ajustam a qualquer ambiente de trabalho. Se você é funcionário de uma empresa, também poderá usar este livro para decorar seu escritório de uma forma que só lhe traga satisfação e sucesso.

EDITORA PENSAMENTO